LES INCAS,

OU

LA DESTRUCTION DE L'EMPIRE DU PÉROU.

La Religion protégeant l'Humanité contre le Fanatisme.

LES INCAS,

OU

LA DESTRUCTION DE L'EMPIRE DU PÉROU;

PAR M. MARMONTEL,

Hiſtoriographe de France, l'un des Quarante de l'Académie Françoiſe.

TOME PREMIER.

Accordez à tous la tolérance civile, non en approuvant tout comme indifférent, mais en ſouffrant avec patience tout ce que Dieu ſouffre, & en tâchant de ramener les hommes par une douce perſuaſion.

FÉNELON, *Direction pour la conſcience d'un Roi.*

A PARIS,

Chez LACOMBE, Libraire, rue de Tournon, près le Luxembourg.

M. DCC. LXXVII.

AVEC APPROBATION, ET PRIVILEGE DU ROI.

AU ROI DE SUEDE.

SIRE,

Cet hommage de la reconnoiſſance ne ſera point ſouillé par l'adulation. C'eſt à la Suede, heureuſe de vous avoir remis le dépôt de ſa liberté, à la Suede, où regne à préſent la tranquillité, la concorde, la douce autorité des loix, à la place des factions & des troubles de l'Anarchie; c'eſt à ce Peuple, trop long-temps diviſé par des intérêts étrangers, & tout-à-coup éclairé ſur les ſiens, réuni, rendu à lui-même, enfin délivré des entraves qui retenoient captives ſa force & ſa vertu, c'eſt à lui, SIRE, *à vous louer.*

J'ESPERE *bien conſigner dans les Faſtes de vos auguſtes Alliés cette grande & premiere époque du regne de* VOTRE MAJESTÉ, *cette révolution ſi évidemment néceſſaire au bonheur de vos États,* SIRE, *puiſqu'elle s'eſt faite ſans violence d'un côté, & ſans réſiſtance de l'autre. Mais ce témoignage, que je rendrai au libérateur, au bienfaiteur de la Suede, ne sera publié que lorsque je ne vivrai plus, & que la tombe, inaccessible à l'espérance & à la crainte, garantira ma sincérité.*

AUJOURD'HUI, SIRE, c'est de ma propre gloire que je m'occupe, en suppliant VOTRE MAJESTÉ de permettre que cet Ouvrage paroisse au jour sous ses auspices, comme un monument des bontés dont elle daigne m'honorer.

QUE dis-je? Est-ce à moi, SIRE, est-ce à ma vaine gloire que je dois penser dans ce moment? La moitié du globe opprimée, dévastée par le fanatisme, est le tableau que je présente aux yeux de

VOTRE MAJESTÉ ; je rouvre la plus grande plaie qu'ait jamais faite au genre humain le glaive des persécuteurs ; je dénonce à la Religion le plus grand crime que le faux zele ait jamais commis en son nom ; puis-je ne pas m'oublier moi-même ?

C'EST l'humanité, SIRE, outragée & foulée aux pieds par son plus cruel ennemi, que je mets aujourd'hui sous la protection d'un Roi sensible & juste, ou plutôt de tous les bons Rois, de tous les Rois qui vous ressemblent. Les attentats du fanatisme ne sont pas de ceux qu'il suffit de déférer à la rigueur des Loix : car les Loix ne sont plus quand le fanatisme domine. Tous les autres crimes ont à redouter ou le châtiment ou *l'opprobre ; les ſiens portent un caractere qui en impoſe à l'autorité, à la force, à l'opinion ; un ſaint reſpect les garantit trop ſouvent de la peine, & toujours de la honte ; leur atrocité même imprime une religieuſe terreur ; & ſi quelquefois ils ſont punis, ils n'en ſont que plus révérés. Le fanatiſme ſe regarde comme l'Ange exterminateur. Chargé des vengeances du ciel, il ne reconnoît ni frein, ni Loi, ni Juge ſur la terre. Au trône il oppoſe l'autel, aux Rois il parle au nom d'un Dieu, aux cris de la nature & de l'humanité il répond par des anathêmes. Alors tout ſe tait devant lui ; l'horreur qu'il inſpire eſt muette. Tyran des ames & des eſprits, il y étouffe le ſentiment & la lumiere naturelle ; il en chaſſe la honte, la pitié, le remords :*

plus d'opprobre, plus de ſupplice capable de l'intimider : tout eſt pour lui gloire & triomphe. Que lui oppoſer, même du haut du trône qu'il regarde du haut des cieux? Peuples & Rois, tout ſe confond devant celui qui ne diſtingue parmi les hommes que ſes eſclaves & ſes victimes. C'eſt ſur-tout aux Rois qu'il s'adreſſe, ſoit pour en faire ſes Miniſtres, ſoit pour en faire des exemples plus éclatans de ſes fureurs : car ils ne ſont ſacrés pour lui qu'autant qu'il eſt ſacré pour eux. Auſſi les a-t-on vus cent fois le ſervir en le déteſtant, & de peur d'attirer ſa rage ſur eux-mêmes, lui laiſſer dévorer ſa proie, & lui livrer des millions d'hommes pour l'aſſouvir & l'appaiſer. Quel ennemi, SIRE, *pour les Souverains, pour les peres des Nations, qu'un monſtre qui, juſques dans leurs bras, déchire leurs enfans, sans qu'ils osent les lui arracher! C'est donc aux Rois à se liguer d'un bout du monde à l'autre, pour l'étouffer dès sa naissance, ou plutôt avant sa naissance, avec la superstition qui en est le germe & l'aliment.*

Vous êtes né, Sire, pour donner de grands exemples à vos pareils; mais peut-être ne serez-vous jamais plus utile & plus cher au monde, qu'en invitant les Rois à soutenir, d'une protection éclatante, les Écrivains qui prémunissent les générations futures contre les séductions & les fureurs du fanatisme, & qui jettent dans les esprits cette lumiere vraiment céleste, ces grands principes d'humanité & de concorde universelle, ces maximes enfin d'indulgence & d'amour, dont la Religion, ainſi que la nature, a fait l'abrégé de ſes loix & l'eſſence de ſa morale.

Je ſuis avec le plus profond reſpect,

SIRE,

De Votre Majesté,

Le très-humble & très-obéiſſant
ſerviteur,

MARMONTEL.

PRÉFACE.

TOUTES les Nations ont eu leurs brigands & leurs fanatiques, leurs temps de barbarie, leurs accès de fureur. Les plus estimables sont celles qui s'en accusent. Les Espagnols ont eu cette fierté, digne de leur caractere.

Jamais l'Histoire n'a rien tracé de plus touchant, de plus terrible, que les malheurs du Nouveau Monde dans le Livre de Las-Casas (*a*). Cet Apôtre de l'Inde, ce vertueux Prélat, ce témoin qu'a rendu célebre sa sincérité courageuse, compare les Indiens à des agneaux, & les Espagnols à des tigres, à des loups dévorans, à des lions pressés d'une longue faim (*b*). Tout ce qu'il dit dans son Livre, il l'avoit dit aux Rois, au Conseil de Castille, au milieu d'une Cour vendue à ces brigands qu'il accusoit. Jamais on n'a blâmé son zele; on l'a même honoré : preuve bien éclatante que les crimes qu'il dénonçoit, n'étoient ni permis par le Prince, ni avoués par la Nation.

On sait que la volonté d'Isabelle, de

Ferdinand, de Ximenès, de Charles-Quint, fut constamment de ménager les Indiens : c'eſt ce qu'atteſtent toutes les ordonnances, tous les réglemens faits pour eux (*c*).

Quant à ces crimes, dont l'Eſpagne s'eſt lavée, en les publiant elle-même & en les dévouant au blâme, on va voir que par-tout ailleurs les mêmes circonſtances auroient trouvé des hommes capables des mêmes excès.

Les Peuples de la Zone tempérée, tranſplantés entre les tropiques, ne peuvent, ſous un ciel brûlant, ſoutenir de rudes travaux. Il falloit donc, ou renoncer à conquérir le Nouveau Monde, ou ſe borner à un commerce paiſible avec les Indiens, ou les contraindre par la force de travailler à la fouille des mines & à la culture des champs.

Pour renoncer à la conquête, il eût fallu une ſageſſe que les Peuples n'ont jamais eue, & que les Rois ont rarement. Se borner à un libre échange de ſecours mutuels eût été le plus juſte : par de nouveaux beſoins & de nouveaux plaiſirs, l'Indien ſeroit devenu plus laborieux, plus actif, & la douceur eût obtenu de lui ce que n'a pu la violence. Mais le fort, à l'égard du foible, dédaigne ces ménagemens : l'égalité le bleſſe ; il domine, il commande, il veut recevoir ſans donner. Chacun, en abordant aux Indes, étoit preſſé de s'enrichir ; & l'échange étoit un moyen trop lent pour leur impatience. L'équité naturelle avoit beau leur crier : « Si » vous ne pouvez pas vous-mêmes tirer du ſein » d'une terre ſauvage les productions, les mé» taux, les richeſſes qu'elle renferme, aban» donnez-la ; ſoyez pauvres, & ne ſoyez pas » inhumains ». Fainéans & avares, ils voulurent avoir, dans leur oiſiveté ſuperbe, des eſclaves & des tréſors. Les Portugais avoient déja trouvé l'affreuſe reſſource des Negres ; les Eſpagnols ne l'avoient pas ; les Indiens, naturellement foibles, accoutumés à vivre de peu, ſans deſirs, preſque ſans beſoins, amollis dans l'oiſiveté, regardoient comme intolérables les travaux qu'on leur impoſoit ; leur patience ſe laſſoit & s'épuiſoit avec leur force ; la fuite, leur ſeule défenſe, les déroboit à l'oppreſſion ; il fallut donc les aſſervir. Voilà tout naturellement les premiers pas de la tyrannie.

Il s'agit de voir à préſent par quels degrés elle parvint à ces excès d'horreur qui ont fait frémir la nature ; & pour remonter à la ſource, il faut ſe rappeller d'abord que l'ancien monde, encore plongé dans les ténebres de l'ignorance & de la ſuperſtition, étoit ſi étonné de la découverte du nouveau, qu'il ne pouvoit se persuader que celui-ci lui ressemblât. On disputoit dans les écoles si les Indiens étoient des hommes ou des singes. Il y eut une bulle de Rome pour décider la question.

Il faut se rappeller aussi que les Castillans qui passerent dans l'Inde avec Cristophe Colomb, étoient la lie de la Nation, le rebut de la populace (*). La misere, l'avidité, la dissolution, la débauche, un courage déterminé, mais sans frein comme sans pudeur, mêlé d'orgueil & de bassesse, formoient le caractere de cette soldatesque, indigne de porter les drapeaux & le nom d'un peuple noble & généreux. A la tête de ces hommes perdus, marchoient des volontaires sans discipline & sans mœurs, qui ne connoissoient d'honneur que celui de la bravoure, de droit que celui de l'épée, d'objet digne de leurs travaux que le pillage & le butin; & ce fut à ces hommes que l'Amiral Colomb eut la malheureuse imprudence d'abandonner les peuples qui se livroient à lui.

Les habitans de l'île Haïti (**) avoient reçu les Castillans comme des Dieux. Enchantés de

(*) On y joignit les malfaiteurs.

(**) L'île Espagnole, ou Saint-Domingue.

les voir, empreſſés à leur plaire, ils venoient leur offrir leurs biens avec la plus naïve joie & un reſpect qui tenoit du culte. Il dépendoit des Caſtillans d'en être toujours adorés. Mais Colomb voulut aller lui-même porter à la Cour d'Eſpagne la nouvelle de ſes ſuccès. Il partit (*d*), & laiſſa dans l'île, au milieu des Indiens, une troupe de ſcélérats, qui leur prirent de force leurs filles & leurs femmes, en abuſerent à leurs yeux, & par toute ſorte d'indignités, leur ayant donné le courage du déſeſpoir, ſe firent maſſacrer.

Colomb, à ſon retour, apprit leur mort: elle étoit juſte; il auroit dû la pardonner, il la vengea par une perfidie. Il tendit un piege au Cacique (*e*) qui avoit délivré l'île de ces brigands, le fit prendre par trahiſon, le fit embarquer pour l'Eſpagne. Toute l'île ſe ſouleva; mais une multitude d'hommes nus, ſans diſcipline & ſans armes, ne put tenir contre des hommes vaillans, aguerris, bien armés: le plus grand nombre des Inſulaires fut égorgé, le reſte prit la fuite, ou ſubit le joug des vainqueurs. Ce fut là que Colomb apprit aux Eſpagnols à faire pourſuivre & dévorer les Indiens par des chiens affamés, qu'on exerçoit à cette chaſſe (*f*).

Les Indiens, aſſujettis, gémirent quelque temps ſous les dures loix que les vainqueurs leur imposerent. Enfin excédés, rebutés, ils ſe ſauverent ſur les montagnes. Les Eſpagnols les pourſuivirent, & en tuerent un grand nombre; mais ce maſſacre ne remédioit point à la néceſſité preſſante où l'on étoit réduit : plus de cultivateurs, & dès-lors plus de ſubſiſtance. On diſtribua aux Eſpagnols des terres, que les Indiens furent chargés de cultiver pour eux. La contrainte fut effroyable; Colomb voulut la modérer; ſa ſévérité révolta une partie de ſa troupe; les coupables, ſelon l'uſage, noircirent leur accuſateur, & le perdirent à la Cour.

Celui qui vint prendre la place de Colomb (*), & qui le renvoya en Eſpagne chargé de fers, pour avoir voulu mettre un frein à la licence, ſe garda bien de l'imiter : il vit que le plus sûr moyen de s'attacher des hommes ennemis de toute diſcipline, c'étoit de donner un champ libre au déſordre & au brigandage, dont il partageroit le fruit. Ce fut là ſa conduite.

De la corvée à la ſervitude le paſſage eſt facile : ce tyran le franchit. Les malheureux

(*) François de Bovadilla.

Insulaires, dont on fit le dénombrement, furent divisés par classes, & distribués comme un bétail dans les possessions Espagnoles, pour travailler aux mines & cultiver les champs. Réduits au plus dur esclavage, ils y succomboient tous, & l'île alloit être déserte. La Cour, informée de la dureté impitoyable du Gouverneur, le rappella ; & par un événement qu'on regarde comme une vengeance du ciel, à peine fut-il embarqué, qu'il périt à la vue de l'île. Vingt-un navires, chargés de l'énorme quantité d'or qu'il avoit fait tirer des mines, furent abîmés avec lui. Jamais l'Océan, dit l'Histoire, n'avoit englouti tant de richesses ; j'ajouterai, ni un plus méchant homme.

Son successeur (*) fut plus adroit & ne fut pas moins inhumain. La liberté avoit été rendue aux Insulaires ; & dès-lors le travail des mines & leur produit avoient cessé. Le nouveau tyran écrivit à Isabelle, calomnia les Indiens, leur fit un crime de s'enfuir à l'approche des Espagnols, & d'aimer mieux être vagabonds que de vivre avec des Chrétiens, pour se faire enseigner leur loi ; *comme s'ils eussent été obligés*

(*) Nicolas Ovando.

de deviner, observe Las-Casas, *qu'il y avoit une loi nouvelle.*

La Reine donna dans le piege. Elle ne savoit pas qu'en s'éloignant des Espagnols, les Indiens fuyoient de cruels oppresseurs; elle ne savoit pas que, pour aller chercher & servir ces maîtres barbares, il falloit que les Indiens quittassent leurs cabanes, leurs femmes, leurs enfans, laissassent leurs terres incultes, & se rendissent au lieu marqué à travers des déserts immenses, exposés à périr de fatigue & de faim. Elle ordonna qu'on les obligeroit à vivre en société & en commerce avec les Espagnols, & que chacun de leurs Caciques seroit tenu de fournir un certain nombre d'hommes, pour les travaux qu'on leur imposeroit.

Il n'en fallut pas davantage. C'est la méthode des tyrans subalternes, pour s'assurer l'impunité, de surprendre des ordres vagues, qui servent au besoin de sauve-garde au crime, comme l'ayant autorisé. Le Gouverneur s'étant délivré, par la plus noire trahison, du seul peuple de l'île qui pouvoit se défendre (*), tout le reste fut opprimé (g); & dans les mines de Cibao il en périt un si grand nombre, que l'île

(*) Le peuple de Xaragua.

fut bientôt changée en ſolitude. Ce fut là comme le modele de la conduite des Eſpagnols dans tous les pays du Nouveau Monde. De l'exemple on fit un uſage, & de l'uſage un droit de tout exterminer.

Or, que dans ces contrées, comme par-tout ailleurs, le fort ait ſubjugué le foible; que pour avoir de l'or on ait verſé du ſang; que la pareſſe & la cupidité aient fait réduire en ſervitude des peuples enclins au repos, pour les forcer aux travaux les plus durs, ce ſont des vérités ſtériles. On ſait que l'amour des richeſſes & de l'oiſiveté engendre les brigands; on ſait que dans l'éloignement les loix ſont ſans appui, l'autorité ſans force, la diſcipline ſans vigueur; que les Rois qu'on trompe de près, on les trompe encore mieux de loin; qu'il eſt aiſé d'en obtenir, par le menſonge & la ſurpriſe, des ordres dont ils frémiroient, s'ils en prévoyoient les abus.

Mais ce qui n'eſt pas dans la nature des hommes même les plus pervers, c'eſt ce qu'on va lire. La plume m'eſt tombée de la main plus d'une fois en le tranſcrivant; mais je ſupplie le Lecteur de ſe faire un moment la violence que je me ſuis faite. Il m'importe, avant d'expoſer le deſſein de mon Ouvrage, que l'objet en ſoit bien connu. C'eſt Barthelemi de Las-Caſas qui raconte ce qu'il a vu, & qui parle au Conſeil des Indes.

« Les Eſpagnols, montés ſur de beaux chevaux, armés de lances & d'épées, n'avoient » que du mépris pour des ennemis ſi mal équipés ; ils en faiſoient impunément d'horribles » boucheries ; ils ouvroient le ventre aux » femmes enceintes, pour faire périr leur fruit » avec elles ; ils faiſoient entre eux des gageures, » à qui fendroit un homme avec le plus d'adreſſe » d'un ſeul coup d'épée, ou à qui lui enleveroit » la tête de meilleure grace de deſſus les épaules ; » ils arrachoient les enfans des bras de leur » mere, & leur briſoient la tête en les lançant » contre des rochers.... Pour faire mourir les » principaux d'entre ces Nations, ils élevoient » un petit échafaud ſoutenu de fourches & de » perches. Après les y avoir étendus, ils y allumoient un petit feu, pour faire mourir lentement ces malheureux, qui rendoient l'ame » avec d'horribles hurlemens, pleins de rage » & de déſeſpoir. Je vis un jour quatre ou cinq » des plus illuſtres de ces Inſulaires qu'on brûloit » de la ſorte ; mais comme les cris effroyables » qu'ils jettoient dans les tourmens étoient » incommodes à un Capitaine Eſpagnol, &

» l'empêchoient de dormir, il commanda qu'on » les étranglât promptement. Un Officier dont » je connois le nom, & dont on connoît les » parens à Séville, leur mit un bâillon à la » bouche, pour les empêcher de crier, & pour » avoir le plaisir de les faire griller à son aise, » jusqu'à ce qu'ils eussent rendu l'ame dans ce » tourment. J'ai été témoin oculaire de toutes » ces cruautés, & d'une infinité d'autres que je » passe sous silence ».

Le volume d'où j'ai tiré cet amas d'abominations, n'est qu'un recueil de récits tout semblables; & quand on a lu ce qui s'est passé dans l'île Espagnole, on sait ce qui s'est pratiqué dans toutes les îles du Golfe, sur les côtes qui l'environnent, au Mexique & dans le Pérou.

Quelle fut la cause de tant d'horreurs dont la nature est épouvantée? Le fanatisme: il en est seul capable; elles n'appartiennent qu'à lui.

Par le fanatisme, j'entends l'esprit d'intolérance & de persécution, l'esprit de haine & de vengeance, pour la cause d'un Dieu que l'on croit irrité, & dont on se fait les Ministres. Cet esprit régnoit en Espagne, & il avoit passé en Amérique avec les premiers Conquérans. Mais comme si on eût craint qu'il ne se ralentît, on fit un dogme de ſes maximes, un précepte de ſes fureurs. Ce qui d'abord n'étoit qu'une opinion, fut réduit en ſyſtême. Un Pape y mit le ſceau de la puiſſance apoſtolique, dont l'étendue étoit alors ſans bornes : il traça une ligne d'un pôle à l'autre, & de ſa pleine autorité, il partagea le Nouveau Monde entre deux Couronnes excluſivement (*h*). Il réſervoit au Portugal tout l'orient de la ligne tracée, donnoit tout l'occident à l'Eſpagne, & autoriſoit ſes Rois à ſubjuguer, *avec l'aide de la divine clémence*, & amener à la Foi chrétienne les habitans de toutes les îles & terre ferme qui ſeroient de ce côté-là. La bulle (*i*) eſt de l'année 1493, la premiere du pontificat d'Alexandre VI.

Or on va voir quel fut le ſyſtême élevé ſur cette baſe, & que de tous les crimes des Borgia, cette bulle fut le plus grand.

Le droit de ſubjuguer les Indiens une fois établi, on envoya d'Eſpagne en Amérique une formule, pour les ſommer de ſe rendre (*k*). Dans cette formule, approuvée & vraiſemblablement dictée par des Docteurs en Théologie, il étoit dit que Dieu avoit donné le gouvernement & la ſouveraineté du monde à un homme appellé Pierre ; qu'à lui ſeul avoit été attribué le nom de *Pape*, qui ſignifie *grand* & *admirable*, parce qu'il eſt pere & gardien de tous les hommes ; que ceux qui vivoient en ce temps-là lui obéiſſoient & l'avoient reconnu pour le maître du monde; qu'au même titre, l'un de ſes ſucceſſeurs avoit fait donation aux Rois de Caſtille de ces îles & terre ferme de la mer océane ; que tous les peuples auxquels cette donation avoit été notifiée, s'étoient ſoumis au pouvoir de ces Rois, & avoient embraſſé le Chriſtianiſme de bonne volonté, ſans condition ni récompenſe. « Si vous faites de même, ajou-» toit l'Eſpagnol qui parloit dans cette formule, » vous vous en trouverez bien, comme preſque » tous les habitans des autres îles s'en ſont bien » trouvés..... Mais, au contraire, ſi vous ne » le faites pas, ou ſi par malice vous apportez » du retardement à le faire, je vous déclare & » vous aſſure qu'*avec l'aide de Dieu*, je vous » ferai la guerre à toute outrance ; que je vous » attaquerai de toutes parts & de toutes mes » forces; que je vous aſſujettirai ſous le joug » de l'obéiſſance de l'Egliſe & du Roi. Je pren-» drai vos femmes & vos enfans, je les rendrai » eſclaves, je les vendrai ou les emploierai » ſuivant la volonté du Roi; j'enleverai vos » biens & vous ferai tous les maux imaginables, » comme à des ſujets rebelles & déſobéiſſans ;

» & je proteste que les massacres & tous les » maux qui en résulteront ne viendront que de » votre faute, & non de celle du Roi, ni de la » mienne, ni des Seigneurs qui sont venus avec » moi ».

Ainsi fut réduit en systême le droit d'asservir, d'opprimer, d'exterminer les Indiens; & toutes les fois que cette grande cause fut débattue devant les Rois d'Espagne, le Conseil vit en même temps des Théologiens réclamer, au nom du ciel, les droits de la nature, & des Théologiens opposer à ces droits l'intérêt de la Foi, l'exemple des Hébreux, celui des Grecs & des Romains, & l'autorité d'Aristote, lequel décidoit, disoit-on, que les Indiens étoient nés pour être esclaves des Castillans (*l*).

Or, dès qu'une question de cette importance dégénere en controverse, on sent quelle est, dans les Conseils, l'incertitude & l'irrésolution sur le parti que l'on doit prendre, & combien le plus violent a d'avantage sur le plus modéré (*m*). La cause de la justice & de la vérité n'a pour elle que leurs amis, & c'est le petit nombre; la cause des passions a pour elle tous les hommes qu'elle intéresse ou qu'elle peut intéresser, d'autant plus ardens à saisir l'opinion favorable au désordre, qu'elle les sauve de la honte, leur aſſure l'impunité & les délivre du remords.

C'eſt cette opinion, combinée avec l'orgueil & l'avarice, qui, dans l'ame des Caſtillans, ferma, pour ainſi dire, tout accès à l'humanité; en ſorte que les Indiens ne furent à leurs yeux qu'une eſpece de bêtes brutes, condamnées par la nature à obéir & à ſouffrir; qu'une race impie & rebelle, qui, par ſes erreurs & ſes crimes, méritoit tous les maux dont on l'accableroit; en un mot, que les ennemis d'un Dieu qui demandoit vengeance, & auquel on ſe croyoit sûr de plaire en les exterminant.

Je laiſſe à la cupidité, à la licence, à la débauche, toute la part qu'elles ont eue aux forfaits de cette conquête; je n'en réſerve au fanatiſme que ce qui lui eſt propre, la cruauté froide & tranquille, l'atrocité qui ſe complaît dans l'excès des maux qu'elle invente, la rage aiguiſée à plaiſir (*n*). Eſt-il concevable en effet que la douceur, la patience, l'humilité des Indiens, l'accueil ſi tendre & ſi touchant qu'ils avoient fait aux Eſpagnols, ne les euſſent point déſarmés, ſi le fanatiſme ne fût venu les endurcir & les pouſſer au crime? Et à quelle autre cauſe imputer leur furie? Le brigandage, ſans mêlange de ſuperſtition, peut-il aller juſqu'à déchirer les entrailles aux femmes enceintes, jufqu'à égorger les vieillards & les enfans à la mamelle, jufqu'à fe faire un jeu d'un maffacre inutile, & une émulation diabolique de la rage des Phalaris? La nature, dans fes erreurs, peut quelquefois produire un femblable monftre; mais des troupes d'hommes atroces pour le plaifir de l'être, des colonies d'hommes-tigres paffent les bornes de la nature. Les forcenés! en égorgeant, en faifant brûler tout un peuple, ils invoquoient Dieu & fes Saints! Ils élevoient treize gibets & y attachoient treize Indiens, en l'honneur, difoient-ils, de Jéfus-Chrift & des douze Apôtres! Etoit-ce impiété, ou fanatifme? Il n'y a point de milieu; & l'on fait bien que les Efpagnols, dans ce temps-là comme dans celui-ci, n'étoient rien moins que des impies. J'ai donc eu raifon d'attribuer au fanatifme ce que toute la malice du cœur humain n'eût jamais fait fans lui; & à qui fe refuferoit encore à l'évidence, je demanderois fi les Efpagnols, en guerre avec des Catholiques, en auroient donné la chair à devorer à leurs chiens? s'il auroient tenu boucherie ouverte des membres de Jéfus-Chrift?

Les partifans du fanatifme s'efforcent de le confondre avec la religion: c'eft là leur fophifme éternel.

éternel. Les vrais amis de la religion la séparent du fanatisme, & tâchent de la délivrer de ce serpent caché & nourri dans son sein. Tel est le dessein qui m'anime.

Ceux qui pensent que la victoire est décidée sans retour en faveur de la vérité, que le fanatisme est aux abois, que les autels qu'il embrassoit ne sont plus pour lui un asyle, regarderont mon Ouvrage comme tardif & superflu : fasse le ciel qu'ils aient raison ! Je serois indigne de défendre une si belle cause, si j'étois jaloux du succès qu'elle auroit eu avant moi & sans moi. Je sais que l'esprit dominant de l'Europe n'a jamais été si modéré; mais je répete ici ce que j'ai déja dit, qu'*il faut prendre le temps où les eaux sont basses pour travailler aux digues.*

Le but de cet Ouvrage est donc, & je l'annonce sans détour, de contribuer, si je le puis, à faire détester de plus en plus ce fanatisme destructeur; d'empêcher, autant qu'il est en moi, qu'on ne le confonde jamais avec une religion compatissante & charitable, & d'inspirer pour elle autant de vénération & d'amour que de haine & d'exécration pour son plus cruel ennemi.

J'ai mis sur la scene, d'après l'Histoire, des

fourbes & des fanatiques; mais je leur ai opposé de vrais Chrétiens. Barthelemi de Las-Casas est le modele de ceux que je révere : c'est en lui que j'ai voulu peindre la foi, la piété, le zele pur & tendre, enfin l'esprit du Christianisme dans toute sa simplicité. Fernand de Luques, Davila, Vincent de Valverde, Requelme, sont les exemples du fanatisme qui dénature l'homme & qui pervertit le Chrétien : c'est en eux que j'ai mis ce zele absurde, atroce, impitoyable, que la religion désavoue, & qui, s'il étoit pris pour elle, la feroit détester. Voilà, je crois, mon intention assez clairement exposée, pour convaincre de mauvaise foi ceux qui feroient semblant de s'y être mépris.

Quant à la forme de cet Ouvrage, considéré comme une production littéraire, je ne sais, je l'avoue, comment le définir. Il y a trop de vérité pour un Roman, & pas assez pour une Histoire. Je n'ai certainement pas eu la prétention de faire un Poëme. Dans mon plan, l'action principale n'occupe que très-peu d'espace : tout s'y rapporte, mais de loin. C'est donc moins le tissu d'une fable, que le fil d'un simple récit, dont tout le fonds est historique, & auquel j'ai entremêlé quelques fictions compatibles avec la vérité des faits.

Je n'écris point pour le petit nombre ; être utile à la multitude est le but que je me propose. C'est mon excuse auprès de ceux qui me reprocheroient d'avoir trop insisté sur des vérités familieres pour eux, mais qui ne le sont pas encore assez pour tout le monde. C'est aussi la raison qui m'a fait essayer de répandre quelqu'agrément dans mes récits & dans mon style : car la premiere condition, pour être utile en écrivant, c'est d'être lu.

Je n'ai eu pour les témoignages ni du respect ni du mépris. Rien de moins fidele sans doute que les récits qu'on nous a faits de la conquête de l'Amérique. J'en ai pris ce qui m'a paru vraisemblable & intéressant.

Qu'on ne m'accuse pas d'avoir flatté les Indiens : le bien que j'en ai dit, leurs destructeurs l'ont dit eux-mêmes ; ils n'auroient pas voulu exagérer le crime de les avoir exterminés.

Les Indiens en général étoient foibles d'esprit & de corps (*o*), je l'avoue ; mais lorsque, pour les avilir, on leur refuse à tous jusqu'à ce courage d'instinct qui brave la douleur & méprise la mort, on est injuste assurément. Sans être lâche on peut trembler devant des hommes que l'on prend pour des Dieux, &

devant des armes que l'on prend pour la foudre. Ceux qui ont accusé les Indiens d'une timidité puérile, auroient dû faire attention que les Romains tremblerent devant des éléphants.

Du reste, si j'avois voulu exagérer un peu la force ou le courage des Indiens, j'aurois bien pu me le permettre; mais, lorsqu'on pense à faire plaindre le foible opprimé par le fort, quel intérêt peut-on avoir de dissimuler sa foiblesse? J'ai dit quel est l'objet de mon Ouvrage; & l'on sent bien que pour le remplir, je n'avois besoin que d'opposer des colombes à des vautours.

NOTES.

(*a*) L*E Livre de Las-Caſas*]. *La découverte des Indes Occidentales*, publié en Eſpagne en 1542, traduit en françois, & imprimé à Paris en 1687.

(*b*) *A des agneaux*]. Chriſtophe Colomb rendoit aux Indiens le même témoignage. « Je jure, diſoit-il à Fer- » dinand, dans une de ſes lettres, je jure à Votre Ma- » jeſté qu'il n'y a pas au monde un peuple plus doux ».

(*c*) *Tous les réglemens faits pour eux*]. « Ce que je » vous pardonne le moins, diſoit Iſabelle à Chriſtophe » Colomb, c'eſt d'avoir ôté, malgré mes défenſes, la » liberté à un grand nombre d'Indiens ».

Le réglement de Ximenès portoit que les Indiens ſeroient ſéparés des Eſpagnols; qu'on les occuperoit utilement, mais ſans rigueur; qu'on en formeroit pluſieurs villages; qu'on aſſigneroit à chaque famille un héritage qu'elle cultiveroit à ſon profit, en payant un tribut équitablement impoſé.

Dans une aſſemblée de Théologiens & de Juriſconſultes, qui ſe tint à Burgos, le Roi Catholique, Ferdinand, déclara que les habitans du Nouveau Monde étoient libres, & qu'on devoit les traiter comme tels. « Votre Majeſté, dit Las-Caſas à Charles-Quint, » ordonna encore la même choſe l'an 1523 ». Même déciſion en 1529, d'après une conférence & de longs débats dans le Conſeil.

(*d*) *Il partit*]. Il eut peur qu'un de ſes Lieutenans,

appellé Pinçon, qui s'étoit détaché de lui avec son navire, n'allât le premier en Espagne porter la nouvelle de la découverte, & s'en attribuer l'honneur.

(*e*) *Il tendit un piege au Cacique*]. Le Cacique s'appelloit Caonabo. Le navire où il étoit embarqué, & cinq autres navires prêts à mettre à la voile, furent brisés & engloutis par une horrible tempête, avant d'être sortis du port.

(*f*) *Qu'on exerçoit à cette chasse*]. « Ils leur sautoient » à la gorge avec d'horribles hurlemens, les étrangloient » d'abord, & les mettoient en pieces après les avoir » terrassés ». (Las-Casas.) Croiroit-on que les Historiens ont pris plaisir à faire un magnifique éloge de l'un de ces chiens, appellé *Bezerillo*, « lequel, pour sa » férocité & sa sagacité singuliere à distinguer un Indien » d'avec un Espagnol, avoit la même portion qu'un » soldat, non-seulement en vivres, mais en or, en » esclaves, &c. Les autres chiens n'avoient que la » demi-paie; mais ils se nourrissoient de la chair des » Indiens qu'ils égorgoient, ou que l'on égorgeoit pour » eux. On a vu, dit Las-Casas, des Espagnols assez » inhumains pour donner à manger de petits enfans à » leurs chiens affamés. Ils prenoient ces enfans par les » deux jambes, & les mettoient en quartiers ».

(*g*) *Tout le reste fut opprimé*]. « Ceux qu'Ovando » avoit mis à la tête des Troupes, avec ordre d'ôter » pour jamais aux Indiens le pouvoir de lui causer de » l'inquiétude, les réduisirent à de si cruelles extrê- » mités, que ces malheureux s'enfonçoient de rage leurs » flêches dans le corps, les retiroient, les mordoient,

» & les mettoient en morceaux, qu'ils jettoient contre » les Chrétiens, dont ils croyoient s'être bien vengés » par cette insulte ». (Herrera).

(*h*) *Entre deux Couronnes exclusivement*]. On sait que François Premier demandoit à voir l'article du testament d'Adam qui avoit exclu le Roi de France du partage du Nouveau Monde.

(*i*) *La bulle*]. *Decretum & indultum Alexandri Sexti, super expeditione in Barbaros Novi Orbis, quos Indos vocant.*

(*k*) *Une formule*]. Le premier qui employa cette formule fut Alfonce Ojeda, en 1510. « Elle a servi, » dit Herrera, dans toutes les autres occasions où les » Castillans ont voulu s'ouvrir l'entrée de quelque » pays ».

(*l*) *Que les Indiens étoient nés pour être esclaves des Castillans*]. Dans la fameuse conférence de Barthelemi de Las-Casas avec l'Evêque du Darien, Dom Juan de Quévédo, l'Evêque osa déclarer que les Indiens lui avoient tous paru nés pour la servitude.

Le Docteur Sépulvéda, gagné par les Grands de la Cour, qui avoient des possessions dans l'Inde, fit un Livre où il soutenoit que les guerres des Espagnols dans le Nouveau Monde étoient non-seulement permises, mais nécessaires pour y établir la Foi, & que les Espagnols étoient fondés en droit pour subjuguer les Indiens.

Las-Casas, que l'on mit aux prises avec ce Docteur forcené, répondoit que les Indiens étoient capables de recevoir la Foi, de prendre de bonnes habitudes

& d'exercer les actes de toutes les vertus, mais qu'il falloit les y engager par la persuasion & par de bons exemples ; & il proposoit pour modeles les Apôtres & les Martyrs. Mais Sépulvéda lui opposa le *compelle intrare*, le Deutéronome, où il est dit : « Quand » vous vous présenterez pour attaquer une Place, » vous offrirez d'abord la paix aux habitans, & s'ils » l'acceptent, & qu'ils vous livrent les portes de » la ville, vous ne leur ferez aucun mal, & vous » les recevrez au nombre de vos tributaires ; mais, » s'ils prennent les armes pour se défendre, vous les » passerez tous au fil de l'épée, sans épargner les femmes » ni les enfans ».

(*m*) *Sur le plus modéré*]. On en vit un exemple lorsque les Moines Jéronimites furent chargés, en qualité de Commissaires, de faire exécuter le réglement de Ximenès. Ce réglement portoit que les départements, où l'on avoit distribué les Indiens, seroient abolis. Cet article, d'où dépendoit le salut des Indiens, fut sans effet ; & la servitude subsista par la foiblesse & l'infidélité de ces indignes Commissaires.

(*n*) *La rage aiguisée à plaisir*]. Les cruautés que les Sauvages du Canada exercent sur leurs captifs sont réciproques, & du moins leur furie est aiguisée par la vengeance. Mais que des hommes soient pires que des tigres envers des hommes plus doux que des agneaux, c'est ce que la nature n'a jamais produit sans le concours du fanatisme ; & il faut croire que les Espagnols qui passoient en Amérique, étoient une espece de monstres unique dans l'univers, ou reconnoître une cause qui les avoit dénaturés.

(*o*) *Foibles d'esprit & de corps*]. « La nature vivante » y est (dans le Nouveau Monde) beaucoup moins » agissante, beaucoup moins variée, & nous pou- » vons dire beaucoup moins forte ». (*Buffon*, *Hist. Nat.*) La différence n'est pourtant pas sensible quant à la structure du corps humain. « Tous les animaux d'Amé- » rique, même ceux qui sont naturels au climat, » sont beaucoup plus petits en général que ceux de » l'ancien continent. La nature semble s'être servie, » dans ce Nouveau Monde, d'une autre échelle de » grandeur : l'homme est le seul qu'elle ait mesuré avec » le même module ». (*Ibid.*).

LES INCAS.

CHAPITRE PREMIER.

L'EMPIRE du Mexique étoit détruit; celui du Pérou florissoit encore; mais, en mourant, l'un de ses Monarques l'avoit partagé entre ses deux fils. Cusco avoit son Roi, Quito avoit le sien. Le fier Huascar, Roi de Cusco, avoit été cruellement blessé d'un partage qui lui enlevoit la plus belle de ses Provinces, & ne voyoit dans Ataliba qu'un usurpateur de ses droits. Cependant un reste de vénération pour la mémoire du Roi son pere réprimoit son ressentiment; & au sein d'une paix trompeuse & peu durable, tout l'Empire alloit célébrer la grande fête du Soleil (*a*).

Le jour marqué pour cette fête, étoit celui où le Dieu des Incas, le Soleil, en s'éloignant du nord, paſſoit ſur l'équateur, & ſe repoſoit, diſoit-on, ſur les colonnes de ſes temples. La joie univerſelle annonce l'arrivée de ce beau jour; mais c'eſt ſur-tout dans les murs de Quito, dans ſes délicieux vallons, que cette ſainte joie éclate. De tous les climats de la terre, aucun ne reçoit du Soleil une ſi favorable & ſi douce influence; aucun Peuple auſſi ne lui rend un hommage plus ſolemnel.

Le Roi, les Incas & le Peuple, ſur le veſtibule du temple où ſon image eſt adorée, attendent ſon lever dans un religieux ſilence. Déja l'étoile de Vénus, que les Indiens nomment l'*aſtre à la brillante chevelure* (*), & qu'ils réverent comme le favori du Soleil, donne le ſignal

(*) *Chaſca*, chevelue.

du matin. A peine ses feux argentés étincellent sur l'horizon, un doux frémissement se fait entendre autour du temple. Bientôt l'azur du ciel pâlit vers l'orient; des flots de pourpre & d'or peu-à-peu s'y répandent; la pourpre à son tour se dissipe, l'or seul, comme une mer brillante, inonde les plaines du ciel. L'œil attentif des Indiens observe ces gradations, & leur émotion s'accroît à chaque nuance nouvelle. On diroit que la naissance du jour est un prodige nouveau pour eux; & leur attente est aussi timide que si elle étoit incertaine.

Soudain la lumiere à grands flots s'élance de l'horizon vers les voûtes du firmament; l'astre qui la répand s'éleve, & la cîme du Cayambur (*b*) est couronnée de ses rayons. C'est alors que le temple s'ouvre, & que l'image du Soleil, en lames d'or, placée au fond du sanctuaire, devient elle-même resplendissante à l'aspect du Dieu qui la frappe de son immortelle clarté. Tout se prosterne, tout l'adore ; & le Pontife (*c*), au milieu des Incas & du Chœur des Vierges ſacrées, entonne l'hymne ſolemnelle, l'hymne auguſte, qu'au même inſtant des millions de voix répetent, & qui, de montagne en montagne, retentit des ſommets de Pambamarca juſques par-delà le Potoſe.

CHŒUR DES INCAS.

Ame de l'univers, toi, qui du haut des cieux, ne ceſſes de verſer au ſein de la nature, dans un océan de lumiere, la chaleur, & la vie, & la fécondité ; Soleil, reçois les vœux de tes enfans & d'un Peuple heureux qui t'adore.

LE PONTIFE *ſeul.*

O Roi, dont le trône ſublime brille d'un éclat immortel, avec quelle impoſante majeſté tu domines dans le vaſte empire des airs ! Quand tu parois dans ta ſplendeur, & que tu agites ſur ta tête ton diadême étincelant, tu es l'orgueil du ciel & l'amour de la terre. Que ſont-ils devenus, ces feux qui parſemoient les voiles de la nuit ? Ont-ils pu ſoutenir un rayon de ta gloire ? Si tu ne t'éloignois, pour leur céder la place, ils reſteroient enſevelis dans l'abîme de ta lumiere ; ils ſeroient dans le ciel comme s'ils n'étoient pas.

CHŒUR DES VIERGES.

O délices du monde ! heureuſes les épouſes qui forment ta céleſte cour (*d*) ! que ton réveil eſt beau ! quelle magnificence dans l'appareil de ton lever ! quel charme répand ta préſence ! les compagnes de ton ſommeil ſoulevent les rideaux de pourpre du pavillon où tu repoſes, & tes premiers regards diſſipent l'immenſe obſcurité des cieux. O ! quelle dut être la joie de la nature, lorſque tu l'éclairas pour la premiere fois ! Elle s'en ſouvient ; & jamais elle ne te revoit ſans ce treſſaillement qu'éprouve une fille tendre au retour d'un pere adoré, dont l'abſence l'a fait languir.

LE PONTIFE *seul.*

Ame de l'univers ! sans toi le vaste océan n'étoit qu'une masse immobile & glacée, la terre qu'un stérile amas de sable & de limon, l'air qu'un espace ténébreux. Tu pénétras les élémens de ta chaleur vive & féconde ; l'air devint fluide & subtil, les ondes souples & mobiles, la terre fertile & vivante ; tout s'anima, tout s'embellit : ces élémens, qu'un froid repos tenoit dans l'engourdissement, firent une heureuse alliance : le feu se glisse au sein de l'onde ; l'onde, divisée en vapeurs, s'exhale & se filtre dans l'air ; l'air dépose au sein de la terre les germes précieux de la fécondité ; la terre enfante & reproduit sans cesse les fruits de cet amour, sans cesse renaissant, que tes rayons ont allumé.

CHŒUR DES INCAS.

Ame de l'univers ! ô Soleil ! es-tu seul l'auteur de tous les biens que tu nous fais ?

fais ? N'es-tu que le ministre d'une cause premiere, d'une intelligence au-dessus de toi ? Si tu n'obéis qu'à ta volonté, reçois nos vœux reconnoissans ; mais si tu accomplis la loi d'un être invisible & suprême (*e*), fais passer nos vœux jusqu'à lui : il doit se plaire à être adoré dans sa plus éclatante image.

LE PEUPLE.

Ame de l'univers, pere de Manco, pere de nos Rois, ô Soleil, protege ton Peuple, & fais prospérer tes enfans.

NOTES.

(*a*) *LA grande fête du Soleil*]. A l'équinoxe de Septembre. On appelloit cette fête *Citua Raïmi*. Voyez *Garcilasso*, *liv*. 2, *chap*. 22.

(*b*) *Cayambur*]. Cayamburo ou Cayamburco, montagne au nord de Quito.

(*c*) *Le Pontife*]. Le Sacerdoce résidoit dans la famille des Incas. Le Grand-Prêtre du Soleil devoit être oncle ou frere du Roi. On l'appelloit *Villuma* ou *Villacuma*, diseur d'oracles.

(*d*) *Qui forment ta céleste Cour*]. Il nous reste une hymne péruvienne, adressée à une fille céleste, qui, dans la Mythologie du pays, faisoit l'office des Hyades. On va voir dans cette hymne quel étoit le tour & le caractere de la poésie des Péruviens. « Belle fille, ton malin frere vient de casser » ta petite urne, où étoient enfermés l'éclair, le » tonnerre & la foudre, & d'où ils se sont échappés. » Pour toi, tu ne verses sur nous que la neige & » les douces pluies. C'est le soin que t'a confié » celui qui gouverne l'univers ».

(*e*) *D'un être invisible & suprême*]. Ce Dieu inconnu s'appelloit *Pacha-Camac*, celui qui anime le monde. Les Incas avoient laissé subsister son temple & son culte dans la vallée de son nom, à trois lieues de Lima, où il étoit adoré. Les Indiens ne lui offroient point de sacrifices; & la raison qu'ils en donnoient, c'est qu'ils ne l'avoient jamais vu.

CHAPITRE II.

LE premier des Incas, fondateur de Cuſco, avoit inſtitué, en l'honneur du Soleil, quatre fêtes qui répondoient aux quatre ſaiſons de l'année (*a*) ; mais elles rappelloient à l'homme des objets plus intéreſſans, la naiſſance, le mariage, la paternité & la mort.

La fête qu'on célébroit alors étoit celle de la naiſſance ; & les cérémonies de cette fête conſacroient l'autorité des loix, l'état des Citoyens, l'ordre & la ſûreté publique.

D'abord il ſe forme autour de l'Inca vingt cercles de jeunes époux qui lui préſentent, dans des corbeilles, les enfans nouvellement nés. Le Monarque leur donne le ſalut paternel. « Enfans, » dit-il, votre pere commun, le fils du » Soleil, vous ſalue. Puiſſe le don de la » vie vous être cher juſqu'à la fin !

» puissiez-vous ne jamais pleurer le moment » de votre naissance ! Croissez, pour m'aider » à vous faire tout le bien qui dépend de » moi, & à vous épargner ou adoucir les » maux qui dépendent de la nature ».

Alors les dépositaires des loix en déployent le livre auguste. Ce livre est composé de cordons de mille couleurs (*b*); des nœuds en font les caracteres, & ils suffisent à exprimer des loix simples comme les mœurs & les intérêts de ces Peuples. Le Pontife en fait la lecture; le Prince & les Sujets entendent de sa bouche quels sont leurs devoirs & leurs droits.

La premiere de ces loix leur prescrit le culte. Ce n'est qu'un tribut solemnel de reconnoissance & d'amour : rien d'inhumain, rien de pénible; des prieres, des vœux, quelques offrandes pures; des fêtes où la piété se concilie avec la joie : tel est ce culte, la plus douce erreur, la plus excusable, sans doute, où pût s'égarer la raison.

La seconde loi s'adresse au Monarque :

elle lui fait un devoir d'être équitable comme le Soleil, qui diſpenſe à tous ſa lumiere; d'étendre comme lui ſon heureuſe influence, & de communiquer à ce qui l'environne ſa bienfaiſante activité; de voyager dans ſon Empire, car la terre fleurit ſous les pas d'un bon Roi; d'être acceſſible & populaire, afin que, ſous ſon regne, l'homme injuſte ne diſe pas: *que m'importent les cris du foible?* de ne point détourner la vue à l'approche des malheureux, car s'il eſt affligé d'en voir, il ſe reprochera d'en faire; & celui-là craint d'être bon, qui ne veut pas être attendri. Elle lui recommande un amour généreux, un ſaint reſpect pour la vérité, guide & conſeil de la juſtice, & un mépris mêlé d'horreur pour le menſonge, complice de l'iniquité. Elle l'exhorte à conquérir, à dominer par les bienfaits, à épargner le ſang des hommes, à uſer de ménagement & de patience envers les rebelles, de clémence envers les vaincus.

La même loi s'adresse encore à la famille des Incas : elle les oblige à donner l'exemple de l'obéissance & du zele, à user avec modestie des privileges de leur rang, à fuir l'orgueil & la mollesse ; car l'homme oisif pese à la terre, & l'orgueilleux la fait gémir.

La troisieme imposoit aux Peuples le plus inviolable respect pour la famille du Soleil, une obéissance sans borne envers celui de ses enfans qui régnoit sur eux en son nom, un dévouement religieux au bien commun de son empire.

Après cette loi, venoit celle qui cimentoit les nœuds du sang & de l'hymen, & qui, sur des peines séveres, assuroit la foi conjugale (*c*) & l'autorité paternelle, les deux supports des bonnes mœurs.

La loi du partage des terres prescrivoit aussi le tribut. De trois parties égales du terrein cultivé, l'une appartenoit au Soleil, l'autre à l'Inca, & l'autre au Peuple. Chaque famille avoit son appanage;

& plus elle croissoit en nombre, plus on étendoit les limites du champ qui devoit la nourrir. C'est à ces biens que se bornoient les richesses d'un Peuple heureux. Il possédoit en abondance les plus précieux des métaux ; mais il les réservoit pour décorer ses temples & les palais de ses Rois. L'homme, en naissant, doté par la Patrie (*d*), vivoit riche de son travail, & rendoit en mourant ce qu'il avoit reçu. Si le Peuple, pour vivre dans une douce aisance, n'avoit pas assez de ses biens, ceux du Soleil y suppléoient (*e*). Ces biens n'étoient point engloutis par le luxe du sacerdoce ; il n'en restoit dans les mains pures des saints Ministres des autels que ce qu'en exigeoient les besoins de la vie : non que la loi leur en fixât l'usage, mais leur piété modeste & simple ne voyoit rien que d'avilissant dans le faste & dans la mollesse ; ils avoient mis leur dignité dans l'innocence & la vertu.

La loi du tribut n'exigeoit que le travail & l'industrie. Ce tribut se payoit d'abord à la nature : jusqu'à cinq lustres accomplis, le fils se devoit à son pere, & l'aidoit dans tous ses travaux. Les champs des orphelins, des veuves, des infirmes étoient cultivés par le Peuple (*f*). Au nombre des infirmités étoit comprise la vieillesse : les peres qui avoient la douleur de survivre à leurs enfans, ne languissoient pas sans secours ; la jeunesse de leur tribu étoit pour eux une famille : la loi les consoloit du malheur de vieillir. Quand le soldat étoit sous les armes, on cultivoit pour lui son champ ; ses enfans jouissoient du droit des orphelins, sa femme de celui des veuves ; & s'il mouroit dans les combats, l'Etat lui-même prenoit pour eux les soins d'un pere & d'un époux.

Le Peuple cultivoit d'abord le domaine du soleil, puis l'héritage de la veuve, de l'orphelin & de l'infirme ; après cela, chacun vaquoit à la culture de son champ. Les terres de l'Inca terminoient les travaux : le Peuple s'y rendoit en foule ;

& c'étoit pour lui une fête. Paré comme aux jours ſolemnels, il rempliſſoit l'air de ſes chants (*g*).

La tâche des travaux publics étoit diſtribuée avec une équité qui la rendoit légere. Aucun n'en étoit diſpenſé ; tous y apportoient le même zele. Les temples & les forteresſes, les ponts d'oſier qui traverſoient les fleuves, les voies publiques, qui s'étendoient du centre de l'Empire juſqu'à ſes frontieres, étoient des monumens, non pas de ſervitude, mais d'obéiſſance & d'amour. Ils ajoutoient à ce tribut celui des armes, dont on faiſoit d'effrayans amas pour la guerre : c'étoient des haches, des maſſues, des lançes, des fleches, des arcs, de frêles boucliers : vaine défenſe, hélas ! contre ces foudres de l'Europe qu'ils virent bientôt éclater !

Tout, dans les mœurs, étoit réduit en loix : ces loix puniſſoient la pareſſe & l'oiſiveté (*h*) comme celles d'Athenes ; mais, en impoſant le travail ; elles écartoient l'indigence ; & l'homme, forcé d'être utile, pouvoit du moins espérer d'être heureux. Elles protégeoient la pudeur, comme une chose inviolable & sainte ; la liberté, comme le droit le plus sacré de la nature ; l'innocence, l'honneur, le repos domestique, comme des dons du ciel qu'il falloit révérer.

La loi qui faisoit grace aux enfans encore dans l'âge de l'innocence, portoit sa rigueur sur les peres, & punissoit en eux le vice qu'ils avoient nourri, ou qu'ils n'avoient point étouffé. Mais jamais le crime des peres ne retomboit sur les enfans : le fils du coupable puni le remplaçoit sans honte & sans reproche ; on ne lui en retraçoit l'exemple que pour l'instruire à l'éviter.

Ce fut par-tout le caractere de la théocratie d'exagérer la rigueur des peines : mais chez un Peuple laborieux, occupé, satisfait de son égalité, sûr d'un bien-être simple & doux, sans ambition, sans envie, exempt de nos besoins fantasques

& de nos vices rafinés, ami de l'ordre, qui n'étoit que le bonheur public distribué ſur tous, attaché par reconnoiſſance au gouvernement juſte & ſage qui faiſoit ſa félicité, l'habitude des bonnes mœurs rendoit les loix comme inutiles : elles étoient préſervatives, & preſque jamais vengereſſes.

On en voyoit l'exemple dans cette loi terrible, qui regardoit la violation du vœu des Vierges du Soleil. O ! comment, chez un Peuple ſi modéré, ſi doux, pouvoit-il exiſter une loi ſi cruelle ? Le fanatiſme ne croit jamais venger aſſez le Dieu dont il eſt le miniſtre ; & c'étoit lui qui, chez ce Peuple, le plus humain qui fût au monde, avoit prononcé cette loi. Pour expier l'injure d'un amour ſacrilege, & appaiſer un Dieu jaloux, non-ſeulement il avoit voulu que l'infidelle Prêtreſſe fût enſevelie vivante (*i*), & le ſéducteur dévoué au ſupplice le plus honteux ; il enveloppoit dans le crime la famille des criminels : peres, meres, freres & sœurs, jusqu'aux enfans à la mamelle, tout devoit périr dans les flammes; le lieu même de la naissance des deux impies devoit être à jamais désert. Aussi, quand le Pontife, en prononçant la loi, nomma le crime, & dit quelle en seroit la peine, il frissonna glacé d'horreur; son front pâlit, ses cheveux blancs se hérisserent sur sa tête, & ses regards, attachés à la terre, n'oserent de long-tems se tourner vers le ciel.

Après la lecture des loix, le Monarque levant les mains : « O Soleil, dit-il, » ô mon pere! si je violois tes loix saintes, » cesse de m'éclairer; commande au Mi» nistre de ta colere, au terrible *Illapa* (*k*), » de me réduire en poudre, & à l'oubli » de m'effacer de la mémoire des mortels. » Mais, si je suis fidele à ce dépôt sacré, » fais que mon Peuple, en m'imitant, » m'épargne la douleur de te venger moi» même; car le plus triste des devoirs d'un » Monarque, c'est de punir ».

Alors les Incas, les Caciques, les Juges,

les vieillards députés du Peuple, renouvellent tous la promesse de vivre & de mourir fideles au culte & aux loix du Soleil.

Les Surveillans s'avancent à leur tour: leur titre (*) annonce l'importance des fonctions dont ils sont chargés: ce sont les envoyés du Prince, qui, revêtus d'un caractere aussi inviolable que la Majesté même, vont observer dans les Provinces les dépositaires des loix, voir si le Peuple n'est point foulé; & au foible à qui le puissant a fait injure ou violence, à l'indigent qu'on abandonne, à l'homme affligé qui gémit, ils demandent: *Quel est le sujet de ta plainte? qui cause ta peine & tes pleurs?* Ils s'avancent donc, & ils jurent, à la face du Soleil, d'être équitables comme lui. L'Inca les embrasse, & leur dit: « Tuteurs du Peuple, c'est à » vous que son bonheur est confié. Soleil, » ajoute-t-il, reçois le serment des tuteurs » du Peuple. Punis-moi, si je cesse de

(*) *Cucui-ricoc*, ceux qui ont l'œil à tout.

» protéger en eux la droiture & la vigi-
» lance ; punis-moi, si je leur pardonne la
» foiblesse ou l'iniquité.

NOTES.

(*a*) A*ux quatre saisons de l'année*]. Quoique les saisons ne soient point marquées dans les climats du Pérou, on ne laissoit pas d'y diviser l'année par les deux solstices & les deux équinoxes : ce qui répond à nos quatre saisons.

(*b*) *Des cordons de mille couleurs*]. Ils s'appelloient *Quippos*, & ceux qui les gardoient *Quippacamaïs*, chargés des *Quippos*.

(*c*) *La foi conjugale*]. L'Inca lui seul, afin d'étendre & de perpétuer la branche royale de la famille du Soleil, pouvoit épouser plusieurs femmes.

(*d*) *Doté par la patrie*]. A chaque enfant mâle, une portion de terrein égale à celle du père ; à chaque fille, une moitié.

(*e*) *Ceux du Soleil y suppléoient*]. La laine des troupeaux du Soleil & de l'Inca étoit distribuée au peuple. Le coton se distribuoit de même dans les pays où il falloit être plus légerement vêtu.

(*f*) *Cultivés par le peuple*]. Le peuple occupé à ces travaux se nourrissoit à ses dépens.

(*g*) *Il rempliſſoit l'air de ſes chants*]. Le refrain de ces chants étoit *Hailli*, triomphe.

(*h*) *La pareſſe & l'oiſiveté*]. Chez les Péruviens ni les aveugles ni les muets n'étoient diſpenſés du travail ; les enfans même, dès l'âge de cinq ans, étoient occupés à éplucher le coton, & à égréner le maïs.

(*i*) *Enſevelie vivante*]. C'eſt une choſe remarquable, que la ſuperſtition eût imaginé le même ſupplice à Rome & à Cuſco, pour punir la même foibleſſe, dans les vierges de Veſta & dans celles du Soleil.

(*k*) *Le terrible Illapa*]. Sous le nom d'*Illapa* étoient compris l'éclair, le tonnerre & la foudre. On les appelloit les exécuteurs de la juſtice du Soleil.

CHAPITRE III.

UN nouveau ſpectacle ſuccede : c'eſt l'élite de la jeuneſſe, des chœurs de filles & de garçons, tous d'une beauté ſinguliere, tenant dans leurs mains des guirlandes, dont ils viennent orner les colonnes ſacrées, en danſant à l'entour, & chantant les louanges du Soleil & de ſes enfans. Leur robe, d'un tiſſu léger formé du duvet d'un arbuſte (*) qui croît dans ces riches vallons, eſt égale en blancheur aux neiges des montagnes : ſes plis flottans laiſſent à la beauté toute la gloire de ſes charmes; mais la pudeur, dans ces heureux climats, tient lieu de voile à la nature : le myſtere eſt enfant du vice ; & ce n'eſt point aux yeux de l'innocence que l'innocence doit rougir.

Dans leur danſe autour des colonnes,

(*) Le cotonnier.

ils

Ses lévres tremblerent en prononçant le vœu
que son cœur devoit abjurer.

ils s'entrelacent de leurs guirlandes, & cette chaîne myſtérieuſe exprime les douceurs de la ſociété, dont les loix forment les liens.

Mais déja l'ombre des colonnes s'eſt retirée vers leur baſe ; elle s'abrege encore, & va s'évanouir. Alors éclatent de nouveau les chants d'adoration & de réjouiſſance ; & l'Inca, tombant à genoux au pied de celle des colonnes où le trône d'or de ſon pere étincelle de mille feux : « Source intariſſable de tous les biens, ô » Soleil, dit-il, ô mon pere ! il n'eſt pas » au pouvoir de tes enfans de te faire » aucun don qui ne vienne de toi. L'of» frande même de tes bienfaits eſt inu» tile à ton bonheur comme à ta gloire : » tu n'as beſoin, pour ranimer ton incor» ruptible lumiere, ni des vapeurs de » nos libations, ni des parfums de nos » ſacrifices. Les moiſſons abondantes que » ta chaleur mûrit, les fruits que tes » rayons colorent, les troupeaux à qui tu » prépares les ſucs des herbes & des fleurs,

ils s'entrelacent de leurs guirlandes, & cette chaîne myſtérieuſe exprime les douceurs de la ſociété, dont les loix forment les liens.

Mais déja l'ombre des colonnes s'eſt retirée vers leur baſe ; elle s'abrege encore, & va s'évanouir. Alors éclatent de nouveau les chants d'adoration & de réjouiſſance ; & l'Inca, tombant à genoux au pied de celle des colonnes où le trône d'or de ſon pere étincelle de mille feux : « Source intariſſable de tous les biens, ô » Soleil, dit-il, ô mon pere ! il n'eſt pas » au pouvoir de tes enfans de te faire » aucun don qui ne vienne de toi. L'of» frande même de tes bienfaits eſt inu» tile à ton bonheur comme à ta gloire : » tu n'as beſoin, pour ranimer ton incor» ruptible lumiere, ni des vapeurs de » nos libations, ni des parfums de nos » ſacrifices. Les moiſſons abondantes que » ta chaleur mûrit, les fruits que tes » rayons colorent, les troupeaux à qui tu » prépares les ſucs des herbes & des fleurs,

» ne ſont des tréſors que pour nous : les » répandre, c'eſt t'imiter : c'eſt le vieil» lard infirme, la veuve & l'orphelin qui » les reçoivent en ton nom; c'eſt dans » leur ſein, comme ſur un autel, que » nous devons en dépoſer l'hommage. Ne » vois donc le tribut que je vais t'offrir, » que comme un ſigne ſolemnel de recon» noiſſance & d'amour : pour moi, c'eſt » un engagement ; pour les malheureux, » c'eſt un titre, & le garant inviolable » des droits qu'ils ont à mes bienfaits ».

Tout le Peuple, à ces mots, rend graces au Soleil, qui lui donne de ſi bons Rois ; & le Monarque, précédé du Pontife, des Prêtres & des Vierges ſacrées, va dans le temple offrir au Dieu le ſacrifice accoutumé.

Sur le veſtibule du temple, ſe préſenterent aux yeux du Prince trois jeunes Vierges, nouvellement choiſies, que leurs parens venoient conſacrer au Soleil. Un léger tiſſu de coton les déroboit aux regards des profanes. La nature, dans ces climats, n'avoit jamais rien formé de si beau. Les trois Incas, leurs peres, les menoient par la main; & leurs meres, à leur côté, tenoient le bout de la ceinture, signe & gage sacré de la chaste pudeur dont leur sagesse avoit pris soin.

Le Roi, les saluant d'un air religieux, les introduit dans le temple; le Grand-Prêtre les suit, & le temple est fermé. D'abord les trois Vierges s'inclinent devant l'image de leur époux, & au même instant le Grand-Prêtre détache le voile qui les couvre. Le voile tombe; & que d'attraits il expose à l'éclat du jour! Le Monarque se crut ravi dans la Cour du Soleil son pere; il crut voir les femmes célestes, avec qui ce Dieu bienfaisant se délasse du soin d'éclairer l'univers.

Deux de ces filles charmantes avoient la sérénité du bonheur peinte sur le visage, & leur cœur, tout plein de leur gloire, ne mêloit au doux sentiment d'une piété tendre & pure, l'amertume d'aucun regret; l'autre, & la plus belle des trois, quoiqu'avec la même candeur & la même innocence qu'elles, laiſſoit voir la mélancolie & la triſteſſe dans ſes yeux. Cora (c'étoit le nom de la jeune Indienne) avant de prononcer le vœu qui la détachoit des mortels, ſaiſit les mains de ſon pere, & les baiſant avec ardeur, ne laiſſa échapper d'abord qu'un timide & profond ſoupir; mais bientôt, relevant ſes beaux yeux ſur ſa mere, elle ſe jette dans ſes bras, elle inonde ſon ſein de larmes, & s'écrie douloureuſement: Ah! ma mere! Ses parens, aveuglés par une piété cruelle, ne virent dans l'émotion & dans les regrets de leur fille que l'attendriſſement de ſes derniers adieux, & le combat d'un cœur qui ſe détache de tout ce qu'il a de plus cher; elle-même n'attribua qu'à la force des nœuds du ſang & au pouvoir de la nature la douleur qu'elle reſſentoit. « O le plus tendre » & le meilleur des peres! ô mere mille » fois plus chere que la vie! il faut vous » quitter pour jamais »! Elle ne croyoit pas sentir d'autres regrets : le Prêtre y fut trompé comme elle ; & il lui laissa consommer son téméraire & cruel dévouement.

Cependant, lorsqu'on fit entendre à ces trois jeunes Vierges la loi qui attachoit des peines si terribles à l'infraction de leur vœu, les deux compagnes de Cora l'écouterent sans trouble & presque sans émotion ; elle seule, par un instinct qui lui présageoit son malheur, sentit son cœur saisi d'effroi : on vit ses couleurs s'effacer, ses yeux se couvrir d'un nuage, les roses même de sa bouche pâlir, se faner & s'éteindre ; & ses levres tremblerent en prononçant le vœu que son cœur devoit abjurer. Ce pressentiment n'éclaira ni ses parens, ni le Pontife. On soutint sa foiblesse, on appaisa son trouble, on l'enivra de la gloire d'avoir un Dieu pour époux ; & Cora suivit ses compagnes dans l'inviolable asyle des épouses du Soleil.

Alors le temple fut ouvert ; & les Incas, Ministres des autels, commencerent le sacrifice.

Ce ſacrifice eſt innocent & pur. Ce n'eſt plus ce culte féroce, qui arroſoit de ſang humain les forêts de ces bords ſauvages, lorſqu'une mere déchiroit elle-même les entrailles de ſes enfans ſur l'autel du lion, du tigre ou du vautour. L'offrande agréable au Soleil, ce ſont les prémices des fruits, des moiſſons & des animaux, que la nature a deſtinés à ſervir d'alimens à l'homme. Une foible partie de cette offrande eſt conſumée ſur l'autel; le reſte eſt réſervé au feſtin ſolemnel que le Soleil donne à ſon Peuple.

Sous un portique de feuillages dont le temple eſt environné, le Roi, les Incas, les Caciques ſe diſtribuent parmi la foule, pour préſider aux tables où le Peuple eſt aſſis. La premiere eſt celle des veuves, des orphelins & des vieillards; l'Inca l'honore de ſa préſence, comme pere des malheureux (*). Tito Zoraï, ſon fils aîné,

(*) L'un de ſes titres étoit *Huaccha-cuyac*, ami des pauvres.

y eſt aſſis à ſa droite. Ce jeune Prince, dont la beauté annonce une origine céleſte, a rempli ſon troiſieme luſtre : il eſt dans l'âge où ſe fait l'épreuve du courage & de la vertu (*). Son pere, qui en fait ſes délices, s'applaudit de le voir croître & s'élever ſous ſes yeux : jeune encore lui-même, il eſpere laiſſer un ſage ſur le trône. Hélas ! ſon eſpérance eſt vaine ; les pleurs de ſon vertueux fils n'arroſeront point ſon tombeau.

(*) C'étoit l'âge de ſeize ans.

CHAPITRE IV.

AU festin succedent les jeux. C'est-là que les jeunes Incas, destinés à donner l'exemple du courage & de la constance, s'exercent dans l'art des combats.

Ils commencent, au son des conques, par la fleche & le javelot; & le vainqueur, dès qu'il est proclamé, voit le héros qui lui a donné le jour s'avancer vers lui plein de joie, & lui tendre les bras, en lui disant : « Mon fils, tu me » rappelles ma jeunesse, & tu honores » mes vieux ans ».

Vient ensuite la lutte; & c'est-là que l'on voit tout ce que l'habitude peut donner de ressort & d'énergie à la nature : c'est-là qu'on voit des combattans agiles & robustes s'élancer, se saisir, se presser tour-à-tour; plier, se raffermir, & redoubler d'efforts pour s'enlever ou pour s'abattre; s'échapper, pour reprendre haleine ; revoler au combat, ſe ſerrer de nouveau des nœuds de leurs bras vigoureux ; tour-à-tour immobiles, tour-à-tour chancelans, tomber, ſe rouler, ſe débattre, & arroſer l'herbe flétrie des ruiſſeaux de ſueur dont ils ſont inondés.

Le combat, long-tems incertain, fait flotter l'ame de leurs parens entre la crainte & l'eſpérance. La victoire enfin ſe déclare ; mais les vieillards, en décernant le prix du combat aux vainqueurs, ne dédaignent pas de donner aux vaincus quelques louanges conſolantes : car ils ſavent que la louange eſt, dans les ames généreuſes, le germe & l'aliment de l'émulation.

Dans le nombre de ceux à qui leur adverſaire avoit fait plier le genoux, étoit le fils même du Roi & ſon ſucceſſeur à l'Empire, le ſenſible & fier Zoraï. Aucun des prix n'a honoré ſes mains ; il en verſe des larmes de dépit & de honte. L'un des vieillards s'en apperçoit, & lui dit, pour le conſoler : « Prince, le Soleil

» notre pere eſt juſte ; il donne la force » & l'adreſſe à ceux qui doivent obéir, » l'intelligence & la ſageſſe à celui qui » doit commander ». Le Monarque entendit ces paroles. « Vieillard, dit-il, » laiſſe mon fils s'affliger & rougir de ſe » trouver plus foible & moins adroit que » ſes rivaux. Le crois-tu fait pour languir » ſur le trône, & pour vieillir dans le » repos » ?

Le jeune Prince, à cette voix, jeta un coup-d'œil de reproche ſur le vieillard qui l'avoit flatté, & ſe précipita aux genoux de ſon pere, qui le ſerrant tendrement dans ſes bras, lui dit : « Mon fils, » la plus juſte & la plus impérieuſe des » loix, c'eſt l'exemple. Vous ne ſerez » jamais ſervi avec plus de zele & d'ardeur » que lorſque, pour vous obéir, on n'aura » qu'à vous imiter ».

Après qu'on eut laiſſé reſpirer les lutteurs, on vit cette illuſtre jeuneſſe ſe diſpoſer au combat de la courſe. C'eſt leur épreuve la plus pénible. La lice eſt de cinq mille pas. Le terme eſt un voile de pourpre que le vainqueur doit enlever. Dans l'intervalle de la barriere au terme, le Peuple, rangé en deux lignes, appelle des yeux les combattans. Le ſignal eſt donné; ils partent tous enſemble; & des deux côtés de la lice, on voit les peres & les meres animer leurs enfans du geſte & de la voix. Aucun ne donne à ſes parens la douleur de le voir ſuccomber dans la courſe; ils rempliſſent tous leur carriere, & preſque tous en même temps.

Zoraï avoit devancé le plus grand nombre de ſes rivaux. Un ſeul, le même qui l'avoit vaincu au combat de la lutte, avoit ſur lui quelqu'avantage, & n'étoit qu'à cent pas du terme. « Non, s'écria le » Prince, tu n'auras pas la gloire de me » vaincre une ſeconde fois ». Auſſi-tôt, ranimant ſes forces, il s'élance, le paſſe, & lui enleve le prix.

Ceux qui l'ont ſuivi de plus près ont quelque part à ſon triomphe. De ce nombre étoient les vainqueurs aux exercices de la lutte, de la fleche & du javelot. Zoraï s'avance à leur tête, tenant en main la lance où flotte suspendu le trophée de sa victoire, & avec eux il se présente devant le cercle des vieillards. Ceux-ci les jugent, & les proclament dignes du nom d'*Incas* (*), de vrais fils du Soleil.

Alors leurs meres & leurs sœurs viennent, d'un air tendre & modeste, attacher à leurs pieds agiles, au lieu de la tresse d'écorce(**)qui fait les sandales du Peuple, une natte de laine plus légere & plus douce, dont elles ont fait le tissu.

Ils vont, de-là, conduits par les vieillards, se prosterner devant le Roi, qui, du haut de son trône d'or, environné de sa famille, les reçoit avec la majesté d'un Dieu & la tendre bonté d'un pere. Son fils, en qualité de vainqueur dans le plus pénible des jeux, tombe le premier à ses

(*) Auparavant on les appelloit *Auqui*, *infans*, comme le traduit Garcilasso.

(**) D'un arbre appellé *Manguey*. Ce détail est pris de l'Histoire.

pieds. Le Monarque s'efforce de ne montrer pour lui ni préférence, ni foibleſſe: mais la nature le trahit; & en lui attachant le bandeau des Incas, ſes mains tremblent, ſon cœur s'émeut & s'attendrit; il laiſſe échapper quelques larmes; le front du jeune Prince en eſt arroſé; il les ſent, il en eſt ſaiſi, & de ſes mains il preſſe les genoux paternels. Ces larmes d'amour & de joie ſont la ſeule diſtinction que l'héritier du trône obtient ſur ſes émules. L'Inca leur donne de ſa main la marque la plus glorieuſe de nobleſſe & de dignité: il leur perce l'oreille, & y ſuſpend un anneau d'or: faveur réſervée à leur race, mais que n'obtient jamais celui qui trahit ſa naiſſance, & qui n'en a pas les vertus.

Enfin le Roi prend la parole, & s'adreſſant aux nouveaux Incas: « Le plus » ſage des Rois, leur dit-il, Manco, » vôtre aïeul & le mien, fut auſſi le plus » vigilant, le plus courageux des mortels. » Quand le Soleil, ſon pere, l'envoya

» fonder cet Empire, il lui dit : Prends-moi
» pour exemple : je me leve, & ce n'eſt
» pas pour moi ; je répands ma lumiere,
» & ce n'eſt pas pour moi ; je remplis ma
» vaſte carriere, je la marque par mes
» bienfaits, l'univers en jouit, & je ne
» me réſerve que la douceur de l'en voir
» jouir : va, ſois heureux, ſi tu peux
» l'être ; mais ſonge à faire des heureux.
» Incas, fils du Soleil, voilà votre leçon.
» Quand il plaira à votre pere, que
» vous ſoyez heureux ſans fatigue &
» ſans trouble, il vous rappellera vers
» lui. Juſques-là, ſachez que la vie eſt
» une courſe laborieuſe, que vos ver-
» tus doivent rendre utile, non pas à vous,
» mais à ce monde où vous paſſez. Le lâche
» s'endort ſur la route ; il faut que la
» mort, par pitié, lui vienne abréger ſon
» travail. L'homme courageux ſupporte
» le ſien, & d'un pas sûr & libre il arrive
» au terme où la mort, la mere du repos,
» l'attend.

» O toi, mon fils, dit-il au Prince,

» tu vois cet aſtre qui va finir ſon cours: » que de biens, depuis ſon aurore, n'a-» t-il pas faits à la nature ! Ce qui lui » reſſemble le plus ſur la terre, c'eſt un » bon Roi ».

A ces mots, il ſe leve, & marche, accompagné de ſa famille & de ſon Peuple, pour aller avec le Pontife, ſur le veſtibule du temple, obſerver le front du Soleil, à ſon couchant, & en recueillir les oracles.

CHAPITRE V.

LE Peuple & la Cour elle-même ſe tiennent en ſilence au-delà du parvis. Le Roi ſeul monte les degrés du veſtibule où l'attend le Grand-Prêtre, qui ne doit révéler qu'à lui les ſecrets du ſombre avenir (*).

Le Ciel étoit ſerein, l'air calme & ſans vapeurs; & l'on eût pris dans ce moment l'horiſon du couchant pour celui de l'aurore. Mais bientôt, du ſein de la mer Pacifique, s'éleve au-deſſus de Palmar (**), un nuage pareil à des vagues ſanglantes, préſage épouvantable dans ce jour ſolemnel. Le Grand-Prêtre en frémit; cependant il eſpere qu'avant le coucher du Soleil ces vapeurs vont ſe diſſiper.

(*) Il ne lui étoit pas permis de divulguer ce qu'il ſavoit de ſcience divine. (Garcil.).

(**) Promontoire, ſous l'équateur.

Elle

Elles redoublent, elles s'entassent comme les sommets des montagnes, & en s'élévant, elles semblent défier le Dieu qui s'avance, de rompre la vaste barriere qu'elles opposent à son cours. Il descend avec majesté, & des rayons qui l'environnent, perçant de tous côtés ces flots de pourpre, il les entr'ouvre; mais soudain l'abîme est comblé. Vingt fois il écarte les vagues, qui vingt fois retombent sur lui. Submergé, renaissant, il épuise les traits de sa défaillante lumiere, & lassé du combat, il reste enseveli comme dans une mer de sang.

Un signe encore plus terrible se manifeste dans le ciel: c'est un de ces astres que l'on croyoit errans, avant que l'œil perçant de l'Astronomie eût démêlé leur route dans l'immensité de l'espace. Une comete, semblable à un dragon qui vomit des feux, & dont la brûlante criniere se hérisse autour de sa tête, paroît venir de l'orient, & voler après le Soleil. Ce n'est dans le céleste azur qu'une étincelle aux yeux du Peuple ; mais le Grand-Prêtre, plus attentif, y croit diſtinguer tous les traits de ce monſtre prodigieux : il lui voit reſpirer la flamme ; il lui voit ſecouer ſes aîles embrâſées ; il voit ſa brûlante prunelle ſuivre, du haut des cieux, la trace du Soleil, dans l'ardeur de l'atteindre & de le dévorer. Mais, diſſimulant la terreur dont ce prodige le pénetre : « Prince, dit-il au Roi, ſuivez-» moi dans le temple » ; & là, recueilli en lui-même, après avoir été quelque temps immobile & en ſilence devant l'Inca, il lui parle en ces mots :

« Digne fils du Dieu que je ſers, ſi » l'avenir étoit inévitable, ce Dieu bien-» faiſant nous épargneroit la douleur de » le prévoir ; & ſans nous affliger d'avance » du preſſentiment de nos maux, il laiſ-» ſeroit à l'eſprit humain ſon aveuglement » ſalutaire, & au temps ſon obſcurité. » Puiſqu'il daigne nous éclairer, ce n'eſt » pas inutilement ; & les malheurs qu'il » nous annonce, peuvent encore ſe

» détourner. Ne vous effrayez point de » ceux qui vous menacent. Ils ſont affreux, » s'il en faut croire les ſignes que je viens » d'obſerver dans le ciel. Ces ſignes ne » s'accordent pas : l'un me dit que c'eſt » du couchant que doit venir une guerre » ſanglante ; l'autre m'annonce un ennemi » terrible, qui fond ſur nous de l'orient ; » mais l'un & l'autre eſt un avis de ce » Dieu qui veille ſur nous. Prince, armez-» vous donc de conſtance. Etre innocent » & courageux, ne pas mériter ſon mal-» heur, & le ſouffrir ; voilà la tâche que » la nature impoſe à l'homme : le reſte eſt » au-deſſus de nous ».

Le Prêtre, conſterné, n'en dit pas davantage ; & le Monarque, renfermant la triſteſſe au fond de ſon cœur, ſortit du temple, & ſe montra au Peuple avec un front calme & ſerein. « Notre Dieu, » lui dit-il, ſera toujours le même : il veille » au ſort de ſon Empire, & il protege ſes » enfans ».

Alors on lui vint annoncer que des

infortunés, chaſſés de leur patrie, lui demandoient l'hoſpitalité. « Qu'ils paroiſſent, répond l'Inca : jamais les » malheureux ne trouveront mon cœur » inacceſſible, ni mon palais fermé pour » eux ».

Les étrangers s'avancent : c'eſt le triſte débris de la famille de Montezume, fuyant le joug des Eſpagnols, & qui, de rivage en rivage, cherche un refuge impénétrable aux pourſuites de ſes tyrans.

Un jeune Cacique ſe préſente à la tête de ces illuſtres fugitifs. A ſa démarche, à ſa noble aſſurance, on reconnoît en lui, tout ſuppliant qu'il eſt, l'habitude de commander. Un chagrin profond & cruel paroît empreint ſur ſon viſage ; mais ſa beauté, quoique ternie, eſt touchante dans ſa langueur ; en intéreſſant, elle étonne ; & l'altération de ſes traits annonce moins l'abattement, que la ſouffrance d'une ame fiere & indignée de ſon malheur.

L'Inca lui dit : « Jeune étranger,

» apprenez-moi qui vous êtes, d'où vous » venez, & quel coup du ſort vous fait » chercher un aſyle en ces lieux »?

« Inca, lui répond Orozimbo (c'étoit » le nom du Mexicain), tu vois en nous » les déplorables reſtes d'un Empire, au » moins auſſi vaſte, auſſi floriſſant que le » tien. Cet Empire eſt détruit. Le ſort ne » nous laiſſoit que la fuite ou que l'eſcla- » vage; nous avons préféré la fuite. Deux » hivers nous ont vus errans ſur les mon- » tagnes. Las de vivre dans les forêts & » parmi les bêtes féroces, nous avons pris » la réſolution d'aller chercher des hommes » moins malheureux que nous, & moins » cruels que nos tyrans. Il y a trois mois » qu'à la merci des flots, nous parcourons, » à travers mille écueils, les détours d'un » rivage immenſe. Les maux que nous » avons ſoufferts nous auroient accablés; » le bruit de tes vertus a ſoutenu notre » eſpérance. On te dit juſte & bienfaiſant, » nous venons éprouver ſi la renommée » en impoſe. Après toi, notre unique

» ressource, celle qui, dans le malheur, » ne manque jamais qu'à des lâches, c'est » le courage de mourir ».

« Etrangers, reprit le Monarque, vous » n'aurez pas envain mis votre confiance » en moi. Venez dans mon palais vous » reposer, & réparer vos forces. Je suis » impatient d'entendre le récit de votre » infortune; mais je desire encore plus » de vous la faire oublier ».

Le Cacique & ses Compagnons, conduits au palais de l'Inca, y sont servis avec respect; mais il défend qu'on étale à leurs yeux une vaine magnificence: car l'ostentation de la prospérité est une insulte pour les malheureux. Un bain pur, des vêtemens frais, une table abondante & simple, des asyles pour le sommeil, où regne un tranquille silence, sont les premiers secours de l'hospitalité qu'exerce envers eux ce Monarque.

Le lendemain il les reçoit au milieu de sa famille, vertueuse & paisible Cour; il les fait asseoir autour de son trône, &

parlant au jeune Orozimbo avec tous les ménagemens que l'on doit aux infortunés, il l'invite à ſoulager ſon cœur du poids accablant de ſes peines, en lui racontant ſes malheurs.

« Le ſouvenir en eſt cruel, dit le Ca-» cique Mexicain, avec un triſte & pro-» fond ſoupir ; mais je te dois l'effort d'en » retracer l'affreuſe image. Ecoute-moi, » généreux Prince ; & puiſſe l'exemple » de ma patrie t'apprendre à garantir ces » bords du fléau qui l'a ravagée » ! A ces mots, le ſilence regne dans l'aſſemblée des Incas ; & le Cacique reprend ainſi.

CHAPITRE VI.

ENFANS du Soleil, vous ſavez la route qu'il ſuit tous les ans. Il eſt à préſent ſur vos têtes ; il y a trois lunes qu'il ſe levoit de même ſur le pays où je ſuis né. Ce pays s'appelle Mexique. Il avoit pour Roi Montezume, dont nous ſommes les neveux. Montezume avoit des vertus, un cœur droit, généreux, fidele. Mais trop ſouvent, du ſein de la proſpérité naiſſent l'orgueil & l'indolence. Après avoir oublié qu'il étoit homme, il oublia qu'il étoit roi. Sa dureté ſuperbe éloigna ſes amis ; ſa foibleſſe & ſon imprudence le livrerent aux mains d'un ennemi perfide, & cauſerent tous ſes malheurs.

Vingt Caciques, tous poſſeſſeurs d'autant de fertiles Provinces, étoient réunis ſous ſes loix. Trop puiſſant & trop abſolu, il abuſa de ſa fortune ; ou plutôt ſes flatteurs, dont il avoit fait ſes Miniſtres, en abuſerent en ſon nom; & de ſes Provinces foulées, les unes, ſecouant le joug, avoient repris leur liberté; d'autres, plus foibles ou plus timides, gémiſſoient en ſilence, &, pour ſe déclarer rebelles, attendoient qu'il fût malheureux; lorſqu'on apprit que vers l'aurore, dans une enceinte où le rivage ſe courbe & embraſſe la mer (*), une race d'hommes qu'on prenoit pour des Dieux, étoient venus de l'orient ſur des châteaux aîlés, d'où partoient l'éclair & la foudre; que de ces fortereſſes flottantes ſur les eaux, dès qu'elles touchoient le rivage, on voyoit s'élancer des animaux terribles, qui portoient ſur leurs dos ces hommes immortels. Mille autres témoins aſſuroient que le quadrupede & l'homme n'étoient qu'un; que ſes pas rapides devançoient les vents; que ſes regards lançoient la mort, & une mort inévitable; que ſes deux

(*) Le golfe du Mexique.

têtes, d'homme & de bête farouche, dévoroient tout ce que le feu de ses regards avoit épargné; & que la pointe de nos fleches s'émoussoit sur la dure écaille dont tout son corps étoit couvert.

Ces bruits répandoient l'épouvante. Un cri d'alarme universel retentit jusqu'à Mexico (c'étoit le siege de l'Empire). Montezume en parut troublé; mais la même foiblesse qui lui faisoit tout craindre, lui fit d'abord tout négliger.

Il sut que ces brigands avides se laissoient appaiser par de riches offrandes; il espéra les adoucir. Il députa vers eux deux hommes honorés parmi nous, Pilpatoé & Teutilé, l'un blanchi dans les camps, l'autre dans les Conseils. Douze Caciques (j'étois du nombre) accompagnoient cette ambassade; deux cens Indiens nous suivoient, chargés de riches présens; vingt captifs, choisis parmi ceux que l'on engraissoit dans nos temples pour être immolés à nos Dieux, terminoient ce nombreux cortege.

Nous arrivons au camp des Eſpagnols (car c'eſt ainſi que ces brigands ſe nomment); & quel eſt notre étonnement, en voyant que cinq cens hommes épouvantoient des Nations! Oui, je l'avoue à notre honte, ils n'étoient que cinq cens; ce n'étoient que des hommes; & des millions d'hommes trembloient.

Nous parûmes devant leur chef.... Ah! le perfide! ſous quel air majeſtueux & tranquille il ſut déguiſer ſa noirceur!

Pilpatoé, en l'abordant, le ſalue & lui parle ainſi : « Le Monarque du » Mexique, le puiſſant Montezume, nous » envoie te ſaluer, & ſavoir de toi qui » tu es, d'où tu viens, & ce que tu veux. » Si tu es un Dieu propice & bienfaiſant, » voilà des parfums & de l'or. Si tu es un » Dieu méchant & ſanguinaire, voilà des » victimes. Si tu es un homme, voilà » des fruits pour te nourrir, des vête- » mens pour ton uſage, & des plumes » pour te parer ».

» Non, nous ne ſommes point des

» Dieux, nous répondit Cortès (car tel » étoit ſon nom); mais, par une faveur » du ciel qui diſpenſe à ſon gré la force, » l'intelligence & le courage, nous avons » ſur les Indiens des avantages & des » droits que vous reconnoîtrez vous- » mêmes. Je reçois vos préſens, je retiens » vos captifs, pour m'obéir & me ſervir, » non pour être offerts en victimes : car » mon Dieu eſt un Dieu de paix, qui ne » ſe nourrit point de ſang. Vous voyez » l'autel que nos mains lui ont élevé ; » ſoyez témoin du culte que nous allons » lui rendre. Pour la premiere fois il deſ- » cend ſur ces bords ».

L'autel étoit ſimple & ruſtique ; un feuillage, en forme de temple, l'environnoit de ſon ombre ; un vaſe d'or en faiſoit l'ornement ; un pain léger, d'une extrême blancheur, & quelques goutes d'une liqueur que nous primes d'abord pour du ſang, mais qui n'eſt que le jus d'un fruit délicieux, étoient l'offrande du ſacrifice. Ce culte n'avoit à nos yeux rien d'effrayant, rien de terrible; te l'avouerai-je cependant? ſoit par la force de l'exemple, ſoit par le charme des paroles que proféroit le Sacrificateur, & par l'aſcendant invincible que leur Dieu prenoit ſur nos Dieux, le reſpect de ces étrangers, proſternés devant leur autel, nous frappa, nous ſaiſit de crainte.

Après le ſacrifice, on nous fit avancer ſous les pavillons de Cortès. Il nous reçut avec cet air d'aſſurance & d'autorité d'un maître abſolu qui commande. « Mexi-
» cains, nous dit-il, le vrai Dieu, le
» Dieu que j'adore, le ſeul que l'on doit
» adorer, puiſqu'il a créé l'univers, qu'il
» le gouverne & le ſoutient, vient de
» deſcendre ſur ces bords; & il commande
» à vos idoles de s'anéantir devant lui.
» C'eſt lui qui nous envoie pour abolir leur
» culte, & pour vous enſeigner le ſien.
» Renverſez vos autels ſanglans, raſez
» vos temples abominables, & ceſſez d'ou-
» trager le ciel par des offrandes qu'il ab-
» horre; ou voyez en nous ſes vengeurs».

Pilpatoé lui répondit que, si le Dieu qu'il nous annonçoit étoit le Dieu de la nature entiere, il avoit l'empire des cœurs comme celui des élémens; qu'il n'avoit tenu qu'à lui d'être plutôt connu & adoré dans ces contrées; qu'il étoit bien sûr qu'à sa voix le monde se prosterneroit; que c'étoit le supposer foible que de s'armer pour sa défense; que celui qui n'a qu'à vouloir, n'avoit pas besoin de secours; & que c'étoit en faire un homme & s'ériger soi-même en Dieu, que de s'établir son vengeur. Il ajouta que si ces étrangers, plus éclairés, plus sages & plus heureux que nous, venoient, par la seule puissance de l'exemple & de la raison, nous détromper & nous instruire, nous croirions qu'en effet un Dieu se servoit de leur entremise; mais que la menace & la violence étoient les armes du mensonge, indignes de la vérité.

Cortès, étonné, repliqua que les desseins de son Dieu étoient impénétrables; qu'il n'en devoit pas compte aux hommes;

qu'il commandoit, & que c'étoit à nous d'adorer & d'obéir. Il nous assura cependant qu'il n'emploieroit jamais la force qu'à l'appui de la vérité. Il ne doutoit pas, disoit-il, que Montezume & tous les Sages de ses Conseils & de sa Cour ne reconnussent aisément combien monstrueux & barbare étoit le culte des idoles qu'on arrosoit de sang humain ; mais le Peuple, endurci, aveuglé par ses Prêtres, & accoutumé dès l'enfance à trembler devant ses faux Dieux, avoit besoin qu'on le forçât, par une heureuse violence, à laisser tomber le bandeau de l'ignorance & de l'erreur.

Alors on servit un festin. Cortès nous admit à sa table. Il nous vit regarder avec inquiétude les viandes qu'on nous présentoit ; car nous savions qu'on avoit égorgé un grand nombre de nos amis. Il pénétra notre pensée, & nous lui en fimes l'aveu. « Non, dit-il, cet usage » impie est en horreur parmi nous ; & ni la » faim la plus cruelle, ni la plus dévorante

» ſoif ne vaincroient notre répugnance » pour la chair & le ſang humain ».... Quelle répugnance, grands Dieux ! Ils ne dévorent pas les hommes ; mais les en égorgent-ils moins ? Et qu'importe lequel des deux, du vautour ou du meurtrier, aura bu le ſang innocent ?

Au ſortir du feſtin, nous eûmes le ſpectacle de leurs exercices guerriers. Les cruels ! On voit bien qu'ils ſont nés pour détruire. Quel art profond ils en ont fait ! Ils s'élancerent, à nos yeux, ſur ces animaux redoutables, que, d'une main, ils ſavent gouverner, tandis que l'autre fait voler autour d'eux un glaive étincelant & rapide comme l'éclair. Imaginez, s'il eſt poſſible, l'avantage prodigieux que leur donne ſur nous la fougue, la vîteſſe, la force de ces animaux, fiers eſclaves de l'homme, & qui combattent ſous lui !

Mais cet avantage étonnant l'eſt moins que celui de leurs armes : puiſſes-tu ne jamais connoître l'uſage qu'il ont fait du feu, & d'un métal dur & tranchant, qu'ils mépriſent,

méprisent, les insensés! & auquel ils préferent l'or, inutile à notre défense. Puisses-tu ne jamais entendre cette foudroyante machine, dont on fit l'essai devant nous. Le tonnerre du ciel n'est pas plus effrayant, lorsqu'il roule sur les nuages. Inca, c'est le génie de la destruction qui leur a fait ce don fatal. Et ce ne seroit encore rien, sans l'intelligence & l'accord de leurs mouvemens imprévus, pour l'attaque & pour la défense. Cet art de marcher sans se rompre, de se déployer à propos, de se rallier au besoin, cet art, changé en habitude, est ce qui les rend invincibles. Nous défions la mort; nous la bravons comme eux; nous ne savons pas la donner..... A ces mots le jeune Cacique, laissant tomber sa tête sur ses genoux, & de ses mains cachant ses larmes: Pardonne, dit-il à l'Inca, une rage, hélas! impuissante. Il est des maux contre lesquels jamais le cœur ne s'endurcit.

Avant de nous congédier, Cortès, en

échange de l'or, des perles, des tiſſus qu'on lui avoit offerts, nous fit quelques préſens futiles, mais que leur nouveauté nous rendit précieux.

« Je ne vous ai parlé, juſqu'à préſent, » ajouta-t-il, qu'au nom du Dieu qui » m'a choiſi pour renverſer vos idoles, » & pour lui élever des temples ſur les » débris de leurs autels; mais vous voyez » encore en moi le Miniſtre d'un Roi » puiſſant, d'un Roi qui, vers les bords » d'où le ſoleil ſe leve, regne ſur des » Etats plus vaſtes, plus riches & plus » floriſſans que l'Empire de Montezume. » Il veut bien cependant l'avoir pour » allié. Dites à Montezume que je viens » à ſa Cour pour lui offrir cette alliance, » & que Charles d'Autriche, Monarque » d'Orient, ne doute pas qu'on ne lui rende, » dans la perſonne de ſon Miniſtre, tout » ce qu'on doit à la majeſté & à l'amitié » d'un grand Roi ».

Pilpatoé lui répondit encore, que ſi ſon Maître étoit ſi riche & ſi puiſſant, on s'étonnoit qu'il envoyât chercher si loin des alliés & des amis ; que Montezume seroit sans doute honoré de cette ambassade ; mais qu'il falloit du moins attendre son aveu, pour pénétrer dans ses Etats.

« Exposez-lui, nous dit Cortès, que, » pour le voir, j'ai traversé les mers ; que » l'honneur de mon Roi exige qu'il m'en- » tende ; que, sans lui faire injure, il ne » peut refuser de me recevoir dans sa » Cour ; & que je serois trop indigne de » ce titre d'Ambassadeur, dont je suis re- » vêtu, si je m'en retournois chargé de » ses mépris, sans en avoir tiré ven- » geance ».

CHAPITRE VII.

LA réponſe de Montezume ne ſe fit pas long-temps attendre. Il crut, par de nouveaux préſens, adoucir le refus qu'il faiſoit à Cortès de le laiſſer pénétrer plus avant. Mais Cortès reçut les préſens, & perſiſta dans ſa demande.

Il avoit ſu quelle étoit la haine des Caciques pour Montezume; il leur avoit promis d'abaiſſer ſon orgueil, d'aſſurer leur indépendance; & déja reçu en ami dans le palais de Zampola (*), nous le trouvâmes environné d'une foule de Rois, tous vaſſaux de l'Empire, dont il avoit formé ſa Cour.

« Vous voyez, lui dit Teutilé, avec » quelle magnificence Montezume répond » à l'amitié d'un Roi qui veut bien recher» cher la ſienne. Mais les mœurs, les

(*) *Zampoala.*

» uſages, les loix de ſon Empire ne lui » permettent rien de plus ; & à moins » de vous déclarer ſes ennemis, vous ne » pouvez tarder à quitter ce rivage ».

Cortès, à ces mots, regardant les Caciques ſes alliés avec un air riant & fier, ſembla vouloir les raſſurer ; & puis, compoſant ſon viſage : « Rendez-vous, » nous dit-il, demain, au port où mes » vaiſſeaux m'attendent ; vous y appren- » drez ma réſolution ».

A l'inſtant quelques-uns des ſiens, la frayeur peinte dans les yeux, vinrent lui parler en ſecret. Il écoute, & ſoudain, avec emportement, il nous ordonne de le ſuivre.

Il marche au temple, où l'on menoit de jeunes captifs, deſtinés à être immolés à nos Dieux ; car c'étoit l'une de nos fêtes. Il arrive, au moment qu'on livroit les victimes aux mains du Sacrificateur. « Arrêtez, dit-il, arrêtez, hommes ſtu- » pides & féroces. Vous offenſez le ciel » en croyant l'honorer ». A ces mots, s'élançant lui-même entre le Prêtre & les victimes, il commande qu'on les dégage, & qu'on les garde auprès de lui.

Tout le Peuple étoit assemblé ; les Prêtres, indignés, crioient au sacrilege, & demandoient vengeance pour leurs Dieux outragés ; un murmure confus, élevé dans la foule, annonçoit un soulévement ; Cortès n'attend pas qu'il éclate. Accompagné de quelques-uns des siens, il monte, & force le Cacique à monter les degrés du temple ; & là, saisissant d'une main ce Prince interdit & tremblant, & de l'autre levant sur lui son glaive prêt à le percer : « Bas les armes ! » dit-il au Peuple, d'une voix forte & me-» naçante, ou je frappe, & je vais com-» mander à l'instant qu'on égorge tout » sans pitié ».

Le fer levé sur le Cacique, la voix de Cortès, sa menace, son étonnante résolution glacent tous les esprits ; & la rumeur est étouffée. Comment ne pas craindre celui qui brave impunément les

Dieux ? A ſon courage, à ſa fierté, il paroiſſoit un Dieu lui-même. Il ſe fait amener les Sacrificateurs, qui s'étoient retirés à l'ombre des autels. « Hé bien ! » dit-il, eſt-ce ainſi que vos Dieux vous » défendent, vous & leur temple ? Qui » les retient ? qui les enchaîne ? Je ne » ſuis qu'un mortel ; que ne m'écraſent-» ils, puiſque j'oſe les inſulter ? Allez, » vos Dieux ſont impuiſſans ; ils ne ſont » rien que les fantômes du délire & de » la frayeur. Des Dieux avides de car-» nage, & nourris de chair & de ſang ! » Pouvez-vous bien y croire ? Et ſi vous » y croyez, pouvez-vous adorer les plus » méchans des êtres ? Abjurez ce culte » exécrable, & renoncez, pour le vrai » Dieu, à ces idoles monſtrueuſes, que » vous nous allez voir briſer ».

Il dit, & profitant de la terreur profonde dont tout le Peuple étoit frappé, il commande à ſa troupe de renverſer nos Dieux du haut de leurs autels, & de les rouler hors du temple.

A ce comble d'impiété, nous espérions tous que le temple s'écrouleroit sur les profanateurs. Le temple resta immobile ; & nos Dieux, renversés, roulés dans la poussiere, se laisserent fouler aux pieds.

L'étranger, alors, reprenant une sérénité tranquille : « Peuple, dit-il, voilà » vos Dieux. C'est à ces simulacres vains » que vous avez sacrifié des millions de » vos semblables. Ouvrez les yeux, & » frémissez ». Ensuite il fit venir les jeunes Indiens, arrachés de la main des Prêtres. « Mes enfans, leur dit-il, vivez ; donnez » la vie à d'autres hommes ; rendez-la » douce, tranquille, heureuse à ceux dont » vous l'avez reçue ; & gardez-en le sacri- » fice pour le moment où votre Prince, » votre patrie & vos amis vous le deman- » deront dans les combats.

» Vous voyez, reprit-il, en nous » adressant la parole, que j'ai quelque » raison de vouloir pénétrer jusqu'à la » Cour de Montezume. A demain. » Rendez-vous au port ; vous jugerez

» s'il eſt prudent qu'il perſiſte dans ſes » refus ».

Inca, tu ne peux concevoir la révolution ſoudaine qui ſe fit dans tous les eſprits, quand le Peuple fut aſſuré de la ruine de ſes Dieux. Imagine-toi des eſclaves flétris, courbés dès leur naiſſance ſous les chaînes de leurs tyrans, & qui, tout-à-coup délivrés de cette longue ſervitude, reſpirent, ſoulagés d'un fardeau accablant : tel fut le Peuple de Zampola. D'abord un reſte de frayeur troubloit & réprimoit ſa joie. Il ſembloit craindre que la vengeance de ſes Dieux ne fût qu'aſſoupie, & ne vînt à ſe réveiller. Mais, quand il les vit mutilés, & diſperſés hors de leur temple, il ſe livra à des tranſports qui firent bien voir que ſon culte n'avoit jamais été que celui de la crainte, & qu'il déteſtoit dans ſon cœur les Dieux que ſa bouche imploroit.

« Sans doute, dit l'Inca ; & il n'eſt pas » dans l'homme, d'aimer, d'adorer autre » choſe qu'un être juſte & bienfaiſant,

» tel que vous l'annonçoient, que l'ado-
» roient eux-mêmes ces étrangers, dont
» je conçois une autre opinion que vous ».
Ce ſont des tigres, dit le Cacique, qui adorent un tigre comme eux. Ils nous annoncent un Dieu de paix, un Dieu propice & débonnaire; c'eſt un piege qu'ils tendent à la crédulité. Leur Dieu eſt cruel (*a*), implacable, & mille fois plus altéré de ſang que tous les Dieux qu'il a vaincus.

Apprends que, ſous nos yeux, ils lui ont immolé plus d'un million de victimes; qu'en ſon nom ils ont fait couler des flots de larmes & de ſang; qu'il n'en eſt point raſſaſié, & qu'il leur en demande encore. Mais laiſſe-moi pourſuivre; tu vas bientôt connoître & déteſter ces impoſteurs.

Le lendemain on nous mena au port, où étoit la flotte de Cortès; & l'on nous dit de l'y attendre. Mille penſées nous agitoient. Ce que nous avions vu la veille, ce que nous avions entendu, l'aſcendant que prenoit cet homme inconcevable ſur l'eſprit des Caciques & ſur l'ame des Peuples, l'apparence de ſes vertus, la puiſſance de ſa parole, la chûte de nos Dieux, le triomphe du ſien, tout nous plongeoit dans des réflexions accablantes ſur l'avenir.

Cependant, du haut du rivage, nous admirions ces canots immenſes, dont la ſtructure étoit un prodige pour nous. Leurs larges flancs ſont un aſſemblage de bois ſolides, qu'on a courbés & façonnés comme des joncs flexibles; leurs aîles ſont des tiſſus d'écorce, ſuſpendus à des tiges d'arbres auſſi élevés que nos cedres; ces tiſſus, flottants dans les airs, ſe laiſſent enfler par les vents. Ainſi c'eſt aux vents qu'obéit cette forteresſe mouvante; une ſeule rame, attachée à l'extrêmité du canot, lui ſert à diriger ſon cours.

Comme nous étions occupés de cette effrayante induſtrie, Cortès arrive, accompagné des ſiens. A l'inſtant ſes Soldats ſe jettent ſur les barques. Nous croyons les voir s'éloigner ; mais cette fausse joie est tout-à-coup suivie de la plus profonde douleur. Nous voyons dépouiller ces vastes édifices : bois, métaux, voiles & cordages, on enleve tout ; & Cortès, donnant l'exemple à sa troupe, s'élance, la flamme à la main, embrâse l'un de ses canots, & les fait tous réduire en cendre.

Tandis que la flamme ondoyante les enveloppe & les consume, Cortès, avec une tranquillité insultante, nous regarde, & nous parle ainsi : « Tant que j'aurois » eu le moyen de m'éloigner de ce rivage, » Montezume auroit pu douter si je per- » sisterois dans ma résolution. Mexicains, » dites-lui ce que vous avez vu ; & qu'il » se prépare à me recevoir en ami, ou » en ennemi ». Ce fut avec cette arrogance qu'il nous renvoya consternés.

*

NOTE.

(*a*) Leur *Dieu est cruel*]. Barthélemi de Las-Casas, après avoir fait à Charles-Quint la peinture des cruautés commises dans le nouveau monde : « Voilà, » dit-il, pourquoi les Indiens se moquent du Dieu » que nous adorons, & persistent opiniâtrément » dans leur incrédulité : ils croient que le Dieu » des Chrétiens est le plus méchant des Dieux ; » parce que les Chrétiens qui le servent & qui » l'adorent, sont les plus méchans & les plus cor- » rompus de tous les hommes ».

(*Découverte des Ind. occid. pag.* 180.)

CHAPITRE VIII.

MONTEZUME attendoit notre retour avec impatience. Il aſſembla ſes Miniſtres & ſes Prêtres pour nous entendre. La préſence des Prêtres nous fit diſſimuler l'humiliation & l'opprobre dont le Dieu de Cortès avoit couvert nos Dieux ; tout le reſte fut expoſé dans un récit fidele & ſimple, & quelques figures tracées nous aiderent à faire entendre ce qui ne pouvoit s'exprimer. Le Monarque nous écoutoit avec cet étonnement ſtupide, qui ſemble interdire à l'ame la penſée & la volonté. « Ces étrangers, dit-il, ont » ſur nous, je l'avoue, un aſcendant qui » m'épouvante. Tout ce que vous m'en » racontez, me ſemble tenir du prodige ; » & j'y vois quelque choſe au-deſſus de » l'humain ».

« Ils ſont plus éclairés, ſans doute, &

» plus induſtrieux que nous, lui dit Pilpatoé ; mais toutes leurs lumieres ne les » rendent pas immortels. La fatigue, la » faim, le ſommeil, la douleur, tous les » beſoins, tous les maux de la vie ſont faits » pour eux comme pour nous. Leur ame » s'écoule avec leur ſang par la piqûre » d'une fleche, comme celle d'un Indien : » c'eſt ce que je voulois ſavoir ; le reſte » eſt de peu d'importance ».

Montezume, à qui ce diſcours devoit inſpirer du courage, n'en parut point touché. Il regardoit les Prêtres, & il ſembloit chercher à lire dans leurs yeux.

Alors le Pontife ſe leve, & d'un air impoſant : « Seigneur, dit-il à Montezume, » ne vous étonnez pas de la foibleſſe de » nos Dieux & de la décadence où tombe » leur Empire. Nous avons évoqué le » puiſſant Dieu du mal, le formidable » Telcalépulca. Il nous eſt apparu ſur le » faîte du temple, dans les ténebres de » la nuit, au milieu des nuages que ſillonnoit la foudre. Sa tête énorme touchoit

» au ciel ; ses bras, qui s'étendoient du
» midi jusqu'au nord, sembloient enve-
» lopper la terre ; sa bouche étoit rem-
» plie du venin de la peste, qu'elle me-
» naçoit d'exhaler ; dans ses yeux sombres
» & cavés pétilloit le feu dévorant de la
» famine & de la rage ; il tenoit d'une
» main les trois dards de la guerre, de
» l'autre il secouoit les chaînes de la cap-
» tivité. Sa voix, pareille au bruit des
» vents & des tempêtes, nous a fait en-
» tendre ces mots : On me dédaigne ; on
» ne fait plus couler sur mes autels que le
» sang de quelques victimes, que l'on
» néglige d'engraisser. Qu'est devenu le
» temps où vingt mille captifs étoient
» égorgés dans mon temple ? Ses voûtes
» ne retentissoient que de gémissemens
» & de cris douloureux, qui remplissoient
» mon cœur de joie ; mes autels nageoient
» dans le sang ; mon parvis regorgeoit
» d'offrandes. Montezume a-t-il oublié
» que je suis Telcalépulca, & que tous
» les fléaux du ciel sont les ministres de
» ma

» ma colere ? Qu'il laiſſe tous les autres » Dieux languir, tomber de défaillance ; » leur indulgence les expoſe au mépris : » en le ſouffrant ils l'encouragent ; mais » c'eſt le comble de l'imprudence de né- » gliger le Dieu du mal ».

Epouvanté d'un tel prodige, Montezume ordonne à l'inſtant que, parmi les captifs, on en choiſiſſe mille pour les immoler à ce Dieu ; que dans ſon temple tout abonde pour les engraiſſer à la hâte ; & qu'il en ſoit fait inceſſamment un ſacrifice ſolemnel.

A ce récit, l'Inca s'écrie en frémiſſant : « Quoi ! dans un jour, mille victimes ! » Que veux-tu, lui dit le Cacique ? Tant de calamités ont affligé la terre, que l'homme, foible & malheureux, a regardé le Dieu du mal comme le plus puiſſant des Dieux ; & pour le déſarmer, il croit devoir lui rendre un culte barbare & ſanglant, un culte enfin qui lui reſſemble. Je te l'ai dit, ces étrangers lui ſacrifient comme nous. Et à quelle autre Divinité offriroient-ils tant d'homicides ? C'est là le secret qu'ils nous cachent ; & c'est par-là, sans doute, qu'ils gagnent la faveur de ce Dieu altéré de larmes & de sang.

L'indolent & foible Monarque croyoit avoir pourvu à tout, en ordonnant ce sacrifice ; mais son ennemi s'avançoit. Vainqueur de nos voisins (*), & secondé par les vaincus, il parut avec une armée. Ce fut alors que Montezume ne dissimula plus son découragement. Il voulut essayer encore avec les Espagnols la force des bienfaits ; il leur offrit de partager avec eux ses trésors immenses, & de faire pour eux les frais d'une nouvelle flotte, s'ils vouloient s'éloigner : misérable ressource ! C'étoit leur montrer sa foiblesse, accroître leur orgueil, & irriter encore leur insatiable avarice. Aussi Cortès, plus obstiné & plus arrogant que jamais, déclara-t-il

(*) Le peuple de Tlascala.

qu'en vain l'on croyoit l'éblouir par des préſens qu'il mépriſoit; que l'or n'effaçoit point les taches que faiſoit l'injure; & que l'affront qu'il avoit reçu, ne ſe lavoit que dans le ſang.

Cette ville ſuperbe, qui n'eſt plus que ruines, la malheureuſe Mexico, s'élevoit au milieu d'un lac, comme ſortant du ſein des eaux; on y arrivoit par des digues, qu'on pouvoit couper aiſément; celle par où venoit Cortès, traverſoit la ville où régnoit mon pere; & pour diſputer ce paſſage, mon pere ne demandoit que l'aveu de Montezume; il ne put l'obtenir: il fallut recevoir ces étrangers comme nos maîtres, nous humilier devant eux. . . . O combien je frémis! combien je déteſtai l'ordre abſolu qui nous forçoit à cet abaiſſement! Quel vice, dans un Roi, qu'un excès de foibleſſe! Il vient lui-même, déſarmé, au devant de ſes ennemis, s'efforçant de cacher ſa honte ſous ſa vaine magnificence; il les reçoit avec toutes les marques de la joie & de l'amitié, les comble de préſens, les invite à loger dans le palais du roi ſon pere (*); & inacceſſible pour nous, n'eſt plus viſible que pour eux. Cortès, le plus diſſimulé des hommes, le flatte, l'éblouit, gagne ſa confiance, & l'attire (adreſſe incroyable!) dans ce palais changé en fortereſſe, qu'ils occupoient, lui & les ſiens.

Ah! c'eſt ici, s'écria le Cacique, le comble de la perfidie, de l'inſolence & de l'outrage. Au milieu de ſa ville, au milieu de ſon Peuple, & dans le palais de ſon pere, Montezume lui-même eſt retenu captif, en ôtage, par ces brigands. Ils font plus, & pour achever d'abattre & d'avilir ſon ame, ils l'enchaînent comme un eſclave, ou plutôt comme un criminel. Montezume, que ſon orgueil & ſon courage avoient abandonné, tendit les mains, & ſans ſe plaindre reçut ces liens flétriſſans. Il porta la baſſeſſe juſqu'à ſe réjouir, lorſqu'on daigna l'en délivrer.

(*) Le palais d'Axayaca.

Honteux de ſa foibleſſe, il voulut la cacher à ſon Peuple, à ſa Cour, à ſes Miniſtres même. Il dit qu'il venoit d'expier, par une peine volontaire, la mort de quelques-uns des Soldats de Cortès (*a*), tués dans les champs de Zampola ; il permit que, devant ſes yeux, on fît brûler vifs ceux des ſiens qui avoient puni leur inſolence. Je vis ce brave Colpoca, qui, dans l'émeute de ces brigands, en avoit tué deux de ſa main, & qui s'étoit montré à nous, de la droite portant la tête d'un Caſtillan (*), & de la gauche la fleche encore ſanglante dont il l'avoit percé ; je le vis, ce brave homme, à qui jamais la peur n'avoit fait baiſſer ſa paupiere, cet homme tel, que ſi le Mexique en avoit eu vingt comme lui, le Mexique eût été ſauvé ; je le vis périr dans les flammes : Cortès l'y fit jetter vivant. Regarde ce jeune homme qui pleure en m'écoutant : c'eſt ſon frere : il alloit ſe

(*) Ce Caſtillan s'appelloit Arguello.

brûler avec lui ; je le retins, & je lui dis : « Que fais-tu ? tu nous abandonnes ! tu » veux mourir ; & tu n'es pas vengé » !

Montezume dévora tout, les affronts & les violences ; il se loua de la bonté, de la noblesse de Cortès ; il feignit d'être heureux & libre, au milieu de ses Gardes qui le faisoient trembler, & qu'il appelloit ses amis. Le malheureux invitoit son Peuple à venir leur donner des fêtes, & sa Cour à les honorer. Le bien de son Empire, le maintien de la paix, l'avantage de cette alliance, qui déguisoit sa servitude, les avis secrets de ses Dieux, il mit tout en usage pour nous en imposer. Il voulut même paroître libre à ceux dont il étoit l'esclave. Il prévenoit leur volonté pour se dispenser de la suivre, & s'imposoit les plus dures loix, de peur qu'on ne les lui dictât. A l'avarice de ses maîtres il prodiguoit des monceaux d'or. Il offrit de rendre à leur Prince un hommage que leur orgueil eût à peine exigé de lui. Il croyoit donner à cet acte de foibleſſe & de dépendance l'apparence de la juſtice & de la magnanimité ; & il ſe conſoloit de s'avilir lui-même, pourvu qu'on ne vît pas qu'il y étoit forcé. Ses Dieux, qui le trompoient, qui l'avoient tous trahi, furent les ſeuls qu'il défendît avec une noble conſtance; tout le reſte, l'honneur, la liberté, les biens de ſon Peuple & de ſa Couronne, tout fut abandonné à ſes inſolens oppreſſeurs.

Il eſpéroit qu'à la fin, comblés de ſes préſens, adoucis par ſes complaiſances, raſſaſiés de notre honte & de leur gloire, ils conſentiroient à nous délivrer d'eux. Ils le promirent; & le ciel ſembla vouloir les y contraindre : car on apprit que de nouveaux brigands, partis des mêmes régions, venoient leur ravir leur conquête; & Cortès, obligé de les aller combattre, ne pouvoit laiſſer dans nos murs qu'un très-petit nombre des ſiens. Mais tel étoit l'étonnement, l'abattement de Montezume, que ce petit nombre ſuffit pour le retenir parmi eux. On le pressa de consentir à sa délivrance; il en fut offensé. Il dit qu'il n'étoit point captif; que sa conduite étoit volontaire, & plus sage qu'on ne pensoit; qu'il lui en avoit assez coûté pour s'attacher de tels amis, & qu'il ne vouloit pas s'exposer au reproche de leur avoir manqué de foi. « J'ai leur parole, ajouta-t-il, qu'après » s'être assurés de la nouvelle flotte, ils » vont s'éloigner de ces bords ».

Montezume étoit si frappé de cette illusion, que toute la scélératesse du crime dont tu vas frémir, put à peine le détromper. On célébroit l'une de nos fêtes; & il étoit d'usage, dans ces solemnités, de rendre hommage aux Dieux par des danses publiques. La fleur de la jeune noblesse s'y distinguoit par sa magnificence; & Montezume, sur la foi de la paix, voulut que ces brigands, qu'il appelloit ses hôtes, fussent présens à ce spectacle. Ils étoient en petit nombre, mais ils étoient armés; & nous étions sans armes comme ſans défiance. Qu'on s'imagine voir des linx, des léopards errans autour d'un pâturage, où bondit un foible troupeau de chevreuils ou de daims paiſibles. La ſoif du ſang qui les dévore, s'irrite ſourdement au fond de leurs entrailles; ils approchent ſans bruit, diſſimulant leur rage; mais leurs regards avides la décelent; & tout-à-coup, s'y abandonnant, ils s'élancent ſur le troupeau, dont ils font un carnage horrible. Tels on voyoit les Caſtillans témoins de nos paiſibles jeux, nous entourer, nous obſerver avec des yeux où l'avarice étinceloit comme une fievre ardente. L'or, les perles, les diamants dont nous étions parés, viles richeſſes qu'ils adorent, allumerent en eux cette ardeur furieuſe pour laquelle rien n'eſt ſacré. Eperdus, forcenés, ſe donnant l'un à l'autre le ſignal (*) du meurtre & de la rapine, ils tirent le glaive; & fondant ſur les Indiens, ils

(*) Ce ſignal étoit le nom de ſaint Jacques.

égorgent tout ce que la frayeur, l'épouvante & la fuite ne dérobent pas à leurs coups. Maîtres de ce champ de carnage, on les voyoit dépouiller leur proie, & s'applaudir de leur butin, aussi peu sensibles aux plaintes des mourans, que le sont les bêtes féroces au cri des animaux tremblans qu'elles déchirent, & dont elles boivent le sang.

Après ce crime atroce, il falloit, ou périr, ou nous délivrer de ces traîtres. Montezume eut beau colorer la noirceur de leur attentat ; on ne l'écouta plus : l'emportement du Peuple & sa fureur étoient au comble. Il vint au palais de mon pere le supplier de prendre sa défense, & de l'aider à délivrer son Roi. O mon pere ! si la valeur, la prudence, la fermeté avoient pu sauver ta patrie, qui mieux que toi, eût mérité d'en être le libérateur ? Sous lui le trouble & le tumulte font place à l'ordre & au conseil. A la tête du Peuple, il force l'ennemi à se retirer dans l'enceinte du palais qui lui ſert d'aſyle, le réduit à ne plus paroître, & l'aſſiege de toutes parts. Alors on nous annonce le retour de Cortès.

NOTE.

(*a*) QUELQUES-UNS *des ſoldats de Cortès*]. Deſcalante, & ſept Eſpagnols, du nombre de ceux qu'on avoit laiſſés à la Vera-Crux. Ils avoient pris parti pour des mutins contre les troupes de l'Empire.

CHAPITRE IX.

CET heureux brigand, délivré d'un rival (*) qui venoit lui disputer sa proie, avoit tiré de nouvelles forces du parti opposé au sien (*a*). Plus fier que jamais, il arrive, il s'avance; un silence morne l'étonne en entrant dans nos murs. Il pénetre avec défiance jusqu'aux portes de son palais, & s'y enferme avec ses compagnons.

Mon pere les suivoit des yeux; il entendit leurs cris de joie. « Demain, » dit-il, demain, si le ciel nous seconde, » nous changerons ces cris en des cris de » douleur ». En effet, dès le jour suivant, tout le Peuple fut sous les armes, & mon pere ordonna l'assaut. Inca, ce moment fut terrible. S'il ne nous eût fallu franchir que des murs hérissés de lances & d'épées,

(*) Narvaëz.

ce péril ne feroit pas digne d'être rappellé ; mais peins-toi un mur de feu, un rempart foudroyant, d'où partoient fans ceffe, à travers des tourbillons de fumée & de flamme, une grêle homicide & d'horribles tonnerres, dont tous les coups étoient marqués par un vuide affreux dans nos rangs. Ce vuide étoit rempli ; nos Indiens, couverts du fang de leurs amis, qui rejailliffoit autour d'eux, marchoient fur des monceaux de morts. C'étoit le courage effréné de la haine, de la vengeance & du défefpoir réunis. On travailloit obftinément à brifer les murs & les portes ; on fe faifoit, avec des lances, des échelons pour s'élever ; les Indiens bleffés fervoient, en expirant, de degrés à leurs compagnons, pour atteindre au haut des murailles ; le trouble, l'effroi, l'épouvante regnoient au dedans, la fureur au dehors. C'en étoit fait, fi le Soleil, en nous dérobant fa lumiere, n'eût pas terminé le combat.

La nuit, des fleches enflammées

embraſerent les toits de ce palais funeſte; l'horreur de l'incendie en écarta le ſommeil; & tandis qu'au milieu des ſiens, Cortès travailloit à l'éteindre, nous prîmes un peu de repos. Mais l'aurore du jour ſuivant nous vit les armes à la main.

L'ennemi ſort; la ville entiere devient un champ de bataille. Notre ſang l'inonda; mais nous vîmes auſſi, & avec des tranſports de joie, couler celui des Caſtillans. La nuit fit ceſſer le carnage. L'ennemi rentra dans ſes murs.

Il fallut donner quelques jours aux devoirs de la ſépulture; & l'ennemi les employa à conſtruire des tours mouvantes, pour combattre à l'abri d'une grêle de pierres, qu'on lui lançoit du haut des toits. Cependant mon pere appliquoit tous ſes ſoins à éviter, dans le combat, ce déſordre qui nous perdoit; à donner à nos mouvemens plus d'accord & d'intelligence; à établir ſes poſtes, diſpoſer ſes attaques, ménager pas à pas une retraite à ſes troupes, & l'interdire à l'ennemi. La ville bâtie au milieu d'un lac étoit coupée de canaux, dont les ponts, faciles à rompre, pouvoient laisser après nous de larges fossés à franchir. C'est sur-tout de cet avantage qu'il vouloit qu'on sût profiter.

« O mes enfans, nous disoit-il, gar-
» dez-vous de cette ardeur aveugle, qui
» vous ôte la liberté d'agir ensemble &
» de concert. La foule est toujours foible;
» & dans les flots pressés d'un Peuple
» qui charge en tumulte, le nombre nuit
» à la valeur. Observez dans vos mouve-
» mens l'ordre que je vous ai prescrit;
» je vous réponds de la victoire. Elle coû-
» tera cher; mais ce n'est pas ici le mo-
» ment de nous ménager. Il seroit indigne
» de nous de fuir, dans les combats, la
» mort qui nous attend sous nos toits,
» dans les bras de nos enfans & de nos
» femmes. Mais la liberté, la vengeance,
» la gloire d'avoir bien servi votre patrie
» & votre Roi, vous ne les trouverez
» qu'avec moi, au milieu de vos ennemis
» terrassés ».

Enfin, du palais de Cortès, on vit sortir ces tours pleines d'hommes armés, que traînoient de fiers quadrupedes, & dont la cîme chancelante lançoit de rapides feux. Mais des pierres énormes, tombant du haut des toits, les eurent bientôt fracassées. On combattit à découvert, sans trouble & sans confusion. Le meurtre étoit affreux, mais tranquille. A travers l'incendie de nos palais, où l'ennemi portoit la flamme, la fureur marchoit en silence; la mort s'avançoit à pas lents. Chaque tranchée étoit un poste, attaqué, défendu avec acharnement. L'avantage des armes, de ces armes terribles qui sont l'image de la foudre, étoit le seul qu'eût l'ennemi sur nous; mais quel nombre, ou quelle valeur peut compenser cet avantage? Ce fut ce qui rendit douteux le succès d'un combat si long & si sanglant. L'ennemi nous céda la place, mais plutôt lassé que vaincu.

Mon pere, en nous montrant parmi les morts quarante de ces furieux (*b*), nous

nous faisoit espérer d'exterminer le reste. « Encore deux combats comme celui-ci, » nous disoit-il, & le Mexique est dé- » livré ».

Le Peuple regardoit d'un œil avide les Castillans étendus à ses pieds. « Ils ne » sont pas immortels », disoit-il, en comptant leurs blessures. Chacun s'attribuoit la gloire d'avoir porté l'un de ces coups.

Encouragé par ce spectacle, on attendit avec impatience l'assaut remis au lendemain. Il fut tel que les assiégés ne pouvoient plus le soutenir. On approchoit des murs ; on alloit bientôt les franchir, & gagner la premiere enceinte. Cortès alors, désespéré, força Montezume à paroître, pour nous ordonner de cesser. Montezume se montre, &, du haut des murailles, il fait signe de l'écouter. Sa présence suspend l'assaut. Le Peuple, saisi de respect, se prosterne, & prête silence. Le Monarque éleva la voix : il remercia ses Sujets d'avoir tenté sa délivrance ;

mais il leur dit qu'il étoit libre, & au milieu de ses amis. « Du reste, ils con» sentent, dit-il, à se retirer dès demain, » pourvu qu'à l'instant même l'on mette » bas les armes, & que, pour signe de » la paix, on cesse toute hostilité. Je le » veux, je vous le commande. Obéissez » à votre Roi ».

La multitude, à cette voix, étoit incertaine & flottante. Mon pere la détermina.

« Si tu es libre, grand Roi, dit-il à » Montezume, sors de ta prison, & viens » regner sur nous. Jusques-là nous n'écou» tons point un malheureux Prince, qu'on » force à se trahir lui-même. Non, » Peuple, ce n'est pas votre Roi qui vous » parle; c'est un captif que l'on menace, » & qui subit la loi de la nécessité. Sa » bouche demande la paix; son cœur » implore la vengeance. Vengez-le donc, » sans écouter ce que lui dictent ses » tyrans ».

A ces mots l'assaut recommence. On

crie au Roi de s'éloigner. L'ennemi l'arrête, & l'expose à nos coups. Mon pere, qui tremble pour lui, veut détourner l'attaque..... Il n'est plus temps. Une pierre fatale a frappé Montezume. Il chancelle, & tombe expirant dans les bras de ses ennemis. En le voyant tomber, le Peuple jette un cri de douleur, s'épouvante & s'enfuit, comme chargé d'un parricide. Bientôt l'ennemi nous renvoie son corps pâle & défiguré. Une multitude éplorée accourt, s'empresse, l'environne, & détestant la main qui l'a frappé, remplit l'air de ses hurlemens, & baigne son Roi de ses larmes.

Les Caciques s'assemblent, & mon pere est élu pour succéder à Montezume. Alors un nouveau plan d'attaque & de défense acheve de déconcerter & d'effrayer nos ennemis.

Mon pere, aux assauts meurtriers, préféra les lenteurs d'un siege. Dans une enceinte inaccessible au feu des Espagnols, il les fit entourer de tranchées &

de remparts. Les travaux avançoient. Cortès s'en épouvante ; & il médite sa retraite. C'étoit le moment décisif. Il lui falloit, pour s'échapper, repasser sur l'une des digues dont le lac étoit traversé ; & mon pere, ayant bien prévu que Cortès choisiroit les ombres de la nuit pour favoriser son passage, fit rompre les ponts de la digue, la borda d'une multitude de canots remplis d'Indiens, habiles à tirer de l'arc & de la fronde ; & à la tête de ses Caciques, il voulut lui-même charger la colonne des ennemis. Tout fut exécuté, mais avec trop d'ardeur. Des canots on voulut s'élancer sur la digue. Cette imprudence coûta la vie à une foule d'Indiens. Deux cens des Soldats de Cortès & mille de ses alliés tomberent sous nos coups ; un pont volant sauva le reste ; & quand le jour vint éclairer le carnage de la nuit, on trouva ceux des Castillans dont la mort nous avoit vengés, on les trouva chargés de l'or qu'ils étoient venus nous ravir, & dont le poids les avoit accablés. Ainsi l'or une fois fut utile à notre défense.

Dans ce combat, où le lac du Mexique avoit été rougi de ſang, mon pere avoit reçu deux bleſſures mortelles. A ſon heure derniere il m'appella, & il me dit : « Mon » fils, tu vois le fruit d'un mauvais regne. » Ces brigands reviendront plus forts, » ſecondés de ces mêmes Peuples que » Montezume a fait gémir. Hélas ! je pré- » vois, en mourant, la ruine de ma pa- » trie, moins malheureux de ne pas lui » ſurvivre, & d'avoir fait, juſqu'au der- » nier ſoupir, ce que j'ai pu pour la ſauver. » Défends-la comme moi, défends-la » même ſans eſpérance ; & ſois le dernier » à combattre ſur ſes débris ». A ces mots, je me ſentis preſſer entre ſes bras ; & de ſes levres éteintes m'ayant donné le baiſer paternel, il expira.

Ce ſouvenir cruel & tendre émut ſi vivement le Héros Mexicain, que ſa voix en fut étouffée ; & les Incas, les yeux attachés ſur un fils ſi vertueux & ſi ſenſible, attendirent en ſilence que ſon cœur ſe fût ſoulagé.

NOTES.

(*a*) D*U parti opposé au sien*]. La conduite de Cortès, dans cette occasion, est regardée comme le plus beau trait de sa vie. (*Voyez Antonio de Solis*).

(*b*) *Quarante de ces furieux*]. Les deux tiers des Espagnols, & Cortès lui-même, avoient été blessés dans ce combat.

J. M. Moreau delin. N. De Launay sculp.

Arrête! commence par moi, je me défie de ma main, et je veux mourir de la tienne.

CHAPITRE X.

POUR ſuccéder à mon vertueux pere, reprit Orozimbo, le choix des Caciques tomba ſur le jeune Guatimozin, ſon neveu, mon ami, le plus vaillant des hommes. Hélas ! il ſe montra bien digne de ce choix ; mais le ſort trahit ſon courage.

Cortès revint au bord du lac avec des forces redoutables. A mille Caſtillans (*) ſa fortune avoit joint plus de cent mille auxiliaires : telle étoit l'ardeur de nos Peuples à voler au devant du joug.

L'épouvante ſe répandit dans toutes les villes voiſines. Les unes ſe rangerent du côté de Cortès, & prirent les armes pour lui ; d'autres ſe trouverent déſertes ; & leurs habitans éperdus, ou ſe ſauverent

(*) Il avoit reçu d'Eſpagne de nouveaux ſecours.

dans nos murs, ou s'enfuirent vers les montagnes.

Dans peu, ſur le lac du Mexique, nous vîmes lancer une flotte (*) ſemblable à celle qui, ſur nos bords, avoit apporté ces brigands. La multitude de nos canots eut beau l'environner & l'aſſaillir de toutes parts; briſés, engloutis par le choc de ces barques énormes, ils faiſoient périr avec eux les Mexicains dont ils étoient chargés.

Le génie & l'activité de notre jeune Roi firent des efforts inouis, pour ſuppléer à l'avantage que les barques des ennemis avoient ſur nos frêles canots. Son ardeur, ſon intelligence ſe ſignalerent encore plus à la défenſe de nos digues. Dans les travaux, dans les dangers, partout & ſans ceſſe préſent, il étoit l'ame de ſon Peuple. Le feu de ſon courage enflammoit tous les cœurs. Les obſtacles qu'il oppoſa aux approches des Caſtillans,

(*) Compoſée de treize brigantins.

lasserent enfin leur constance. Effrayés des travaux & des périls d'un long siege, ils nous proposerent la paix. Tout le Peuple la demandoit; le Roi y consentoit lui-même; la famine qui nous pressoit y disposoit tous les esprits; les Prêtres, au nom de leurs Dieux, furent les seuls qui s'y opposerent. Ils avoient abattu l'ame de Montezume; ils flatterent imprudemment l'audace de Guatimozin. Une ombre de péril les avoit d'abord consternés, une apparence de succès les rendit aussi arrogans qu'ils avoient été lâches.

Sur la foi d'un oracle, nous refusâmes la paix. Crédulité fatale! un Dieu plus fort que tous nos Dieux, démentit leur vaine promesse. Il fit descendre des montagnes les Peuples les plus indomptés (*); il changea leur féroce orgueil en un zele ardent & docile; & Cortès n'eut pas plutôt vu grossir son camp de leurs fiers

(*) Les Otomies.

bataillons, qu'il résolut de nous livrer l'assaut.

Le passage sur les trois digues fut ouvert, malgré les efforts d'un courage déterminé. L'ennemi pénétra jusques dans nos murs, s'y établit parmi des ruines. Il s'avança, précédé du carnage que faisoient devant lui ses foudroyantes armes; &, par trois routes opposées, parvenu enfin jusqu'au centre de cette ville, où, depuis trois jours, regnoient l'épouvante & la mort.... A ces mots il s'interrompit par un frémissement de rage. « O souvenir affreux »! s'écria-t-il; & ses yeux sembloient indignés de voir encore la lumiere.

L'Inca tâchoit de le calmer. Ah! reprit le malheureux Prince, tu vas juger toi-même si ma douleur est juste! Je combattois près de mon Roi; j'avois quitté le palais de mes peres; & dans ce palais assiégé, j'avois abandonné ma sœur, une sœur adorée, à qui moi-même j'étois plus cher que la lumiere du jour. Pour sa garde & pour sa défense, j'avois laissé, à la tête de quelques Indiens, le brave Télasco, le fidele ami de mon cœur, celui de tous les hommes que j'ai le plus aimé, à qui ma sœur étoit promise. Ce digne ami se défendoit avec tout le courage de l'amour & du désespoir; il l'inspiroit à ses soldats; chacun d'eux sembloit, comme lui, protéger les jours d'une amante. Aucune de leurs fleches ne partoit en vain; le vestibule du palais étoit inondé de sang; la mort en défendoit l'approche. Mais des palais voisins, que l'ennemi avoit embrâsés, l'incendie atteint celui-ci. Les assiégés y sont enveloppés d'un tourbillon de fumée; la flamme perce à travers ce nuage; elle s'attache aux lambris de cedre, & s'y répand à flots pressés.

Le péril de ma sœur occupe seul mon ami; il la cherche au milieu de l'embrâsement; & dans ce palais solitaire, dont ses soldats, de tous côtés, défendent l'enceinte, il appelle, avec des cris perçans, ſa chere Amazili. Il la trouve éperdue, courant échevelée, & le cherchant pour l'embraſſer, avant de périr dans les feux. « O chere moitié de mon ame! lui dit-il, » en la ſaiſiſſant, & en la ſerrant dans » ſes bras, il faut mourir, ou être » eſclaves. Choiſis : nous n'avons qu'un » inſtant. – Il faut mourir, lui répondit » ma ſœur ». Auſſi-tôt il tire une fleche de ſon carquois, pour ſe percer le cœur. « Arrête! lui dit-elle, arrête! commence » par moi : je me défie de ma main, & » je veux mourir de la tienne ».

A ces mots, tombant dans ſes bras, & approchant ſa bouche de celle de ſon amant, pour y laiſſer ſon dernier ſoupir, elle lui découvre ſon ſein. Ah! quel mortel, dans ce moment, n'eût pas manqué de courage! Mon ami tremblant la regarde, & rencontre des yeux dont la langueur eût déſarmé le Dieu du mal. Il détourne les ſiens, & releve le bras ſur elle ; ſon bras tremblant retombe ſans frapper. Trois fois ſon amante l'implore,

& trois fois ſa main ſe refuſe à percer ce cœur dont il eſt adoré. Ce combat lui donne le temps de changer de réſolution. « Non , non , dit - il , je ne puis » achever. — Et ne vois-tu pas , lui dit- » elle , les flammes qui nous environnent , » & devant nous l'eſclavage & la honte , » ſi nous ne ſavons pas mourir ? — Je » vois auſſi , dit-il , la liberté , la gloire , » ſi nous pouvons nous échapper ». Alors appellant les ſoldats : « Amis , leur dit-il , » ſuivez-moi ; je vais vous ouvrir un paſ- » ſage ». Il fait environner ma ſœur , commande que les portes du palais ſoient ouvertes , & s'élance à travers la foule des ennemis épouvantés.

Celui qui m'a peint ce combat en frémiſſoit lui-même. Un énorme rocher , qui ſe détache & roule du haut des monts au ſein des mers , chaſſe les vagues mugiſſantes , & s'ouvre à grand bruit un abîme à travers les flots courroucés. Tel , en ſortant du palais de mon pere , ſe préſenta le formidable Télaſco. Les flots d'ennemis qu'il avoit écartés, en retombant ſur lui, alloient l'accabler ſous le nombre. Il les repouſſe encore ; une lourde maſſue, qu'il fait voler autour de lui, briſe les lances & les glaives, &, comme un tourbillon rapide, renverſe tout ce qu'elle atteint. Au milieu d'un rempart de morts, mon ami, couvert de bleſſures, & le corps ſillonné de ruiſſeaux de ſang, ſe défend & combat juſqu'à l'épuiſement du peu de forces qui lui reſtent. Enfin ſes bras laiſſent tomber la maſſue & le bouclier ; bientôt il chancelle, il ſuccombe..... Il reſpiroit encore. Il fut pris vivant ; & ma ſœur ſuivit le ſort de mon ami. Eſt-il mort ? a-t-elle eu la force & le malheur de lui ſurvivre ? C'eſt ce que je n'ai pu ſavoir. Peut-être, ô ciel ! dans ce moment, il gémit ſous les coups d'un maître inflexible. Ma ſœur peut-être..... Ah ! loin de moi cette épouvantable penſée : elle rallume en vain toute ma rage, & fait le tourment de mon cœur.

L'Inca, qui lui voyoit étouffer ſes ſoupirs & dévorer ſes larmes, le preſſoit d'interrompre ce récit déſolant. Non, dit le Cacique, achevons : puiſque j'ai pu ſurvivre à mes malheurs, je dois avoir la force d'en ſoutenir l'image.

Tous nos poſtes forcés livroient la ville en proie à nos vainqueurs. Le Roi n'avoit plus pour aſyle que ſon palais, où ſa nobleſſe lui offroit de s'enſevelir. Il voulut, dans l'eſpoir de rallier ſur les montagnes les Indiens que la frayeur & la fuite avoient diſperſés, il voulut s'échapper lui-même, pour revenir aſſiéger à ſon tour, & accabler nos ennemis. Il traverſoit le lac ; & pour favoriſer ſa fuite, nos canots occupoient la flotte de Cortès par un combat déſeſpéré. Monarque infortuné ! Tout le ſang prodigué pour lui ne put le ſauver : il fut pris..... C'eſt encore ici que mon courage m'abandonne. Alors un délire ſtupide ſe ſaiſiſſant d'Orozimbo, ſa langue parut ſe glacer, ſa bouche entr'ouverte & ſes yeux immobiles marquoient l'épouvante & l'horreur. Sa voix enfin s'ouvre un paſſage ; il s'écrie : O Guatimozin ! ô le plus magnanime, ô le meilleur des Rois ! Un braſier, des charbons ardens ! ... C'eſt ſur ce lit qu'ils l'étendirent. « O barbarie atroce » ! s'écrie à ce récit l'Inca, ſaiſi d'horreur. Attends, dit le Cacique, attends ; tu vas mieux les connoître. Tandis que le feu pénétroit juſqu'à la moëlle des os, Cortès, d'un œil tranquille, obſervoit les progrés de la douleur ; & il diſoit au Roi : « Si tu es » las de ſouffrir, déclare où tu as caché » tes tréſors ».

Soit qu'il n'eût rien caché, ſoit qu'il trouvât hônteux de céder à la violence, le Héros du Mexique honora ſa patrie par ſa conſtance dans les tourmens. Il attache un œil indigné ſur le tyran, & il lui dit : « Homme féroce & ſanguinaire, connois- » tu pour moi de ſupplice égal à celui de » te voir » ? Il ne lui échappa ni plainte, ni priere, ni aucun mot qui implorât une humiliante pitié.

Sur

Sur le brasier étoit aussi un fidele ami de ce Prince. Cet ami, plus foible, avoit peine à résister à la douleur ; & prêt à succomber, il tournoit vers son Maître des regards plaintifs & touchans. « Et » moi, lui dit Guatimozin, suis-je sur » un lit de roses » ? Ces paroles étouf-ferent le soupir au fond de son cœur (*b*).

Tu frémis, Inca ; ce n'est rien que tout ce que tu viens d'entendre. Tu n'as vu ces brigands que dans l'ardeur du car-nage. Pour en juger, il faut les voir au sein de la paix, au milieu des peuples qu'ils ont désarmés, dont les uns vont au devant d'eux avec une joie ingénue, & les autres d'un air timide & sup-pliant ; qui leur présentent de plein gré ce qu'ils ont de plus précieux ; qui s'em-pressent à les servir, à les loger dans leurs cabanes ; qui supportent pour eux les travaux les plus rudes ; qui courbent le dos sans se plaindre sous le faix dont ils les accablent, sous les coups dont ils les meurtrissent ; qui se laissent flétrir, avec un fer brûlant, des marques de la servitude; c'est là que s'est montrée la cruauté des Castillans. Tout ce que tu peux concevoir des excès de la tyrannie & des rigueurs de l'esclavage, n'approche pas encore des maux que ces hommes dénaturés font souffrir aux plus doux des hommes.

Ceux-ci, épouvantés par le supplice de leur Roi, par le saccagement de leur ville & de leurs campagnes, ne s'occupoient qu'à fléchir les vainqueurs; ils opposoient la douceur des agneaux à la férocité des tigres; leurs caresses, leurs larmes, l'abandon volontaire du peu de bien qu'ils possédoient, une obéissance muette, une aveugle soumission, le dernier & le plus pénible de tous les sacrifices que l'homme puisse faire à l'homme, celui de sa liberté, rien n'adoucit ces cœurs farouches. Si leurs esclaves surchargés, dans une longue & pénible route, osent gémir sous le fardeau, un châtiment soudain leur impose silence; & s'ils ſuccombent ſous l'excès du travail & de la miſere, un bras impitoyable acheve de leur arracher le dernier ſoupir. « Cruels! » diſent ces innocens, que vous avons-» nous fait ? Notre vie n'eſt employée » qu'à vous ſervir ; pourquoi nous l'ar-» racher ? Epargnez du moins nos enfans » & nos femmes ». Les monſtres ſont ſourds à ces plaintes. *De l'or, de l'or*, c'eſt leur cri de rage : on ne peut les en aſſouvir. Un Peuple en vain ſe hâte d'apporter à leurs pieds le peu qu'il a de ce métal funeſte. Ce n'eſt jamais aſſez ; & tandis qu'à genoux, les mains au ciel, les yeux en pleurs, il proteſte qu'il n'en a plus, on l'enchaîne, on le livre à d'horribles tourmens, pour l'obliger à découvrir ce qu'il peut en avoir encore. Leur avarice a inventé des tortures inconcevables & des ſupplices inouis. Ingénieuſe à compliquer & à prolonger les douleurs, elle donne à la mort mille formes horribles, que la mort ne connoiſſoit pas.

Mais ce qui révolte le plus de leur atrocité, c'est sa froideur tranquille. La nature est muette dans ces cœurs endurcis. Autour des bûchers, où la flamme dévore une famille entiere, au milieu d'un hameau dont les toits embrâsés fondent sur les femmes enceintes, sur les foibles vieillards, sur les enfans à la mamelle, au pied des échafauds où un feu lent consume le fils & la mere, déchirés avant de mourir; on les voit, ces hommes féroces, on les voit, rians & moqueurs, se réjouir & insulter aux victimes de leur furie.

Inca, ne nous reproche point d'avoir vu tant de maux, sans mourir de douleur, ajouta le Cacique, en versant des ruisseaux de larmes, & d'une voix entrecoupée par les sanglots qui l'étouffoient: si nous supportons nos malheurs, si nous vivons, si nous fuyons notre déplorable patrie, c'est pour lui chercher des vengeurs.

« Ah! vous en méritez sans doute, lui » dit l'Inca, en l'embrassant. Je sens vos

» maux, je les partage. Si je ne puis les » réparer, j'espere au moins les adoucir. » Demeurez parmi nous, illustres mal- » heureux, & que ma Cour soit votre » asyle. Hélas! si j'en crois des présages » qui commencent à s'avérer, le temps » approche où j'aurai besoin de votre » expérience & de votre courage. – Ah! » s'écrierent les Caciques, la vie est » l'unique bien que le destin nous laisse: » généreux Prince, elle est à toi, & tu » peux en être prodigue: sans toi, le » désespoir en eût déja tranché le cours ».

NOTES.

(*a*) QU'IL *résolut de nous livrer l'assaut*]. Cortès se vit à la tête de deux cents mille hommes. Ce n'est donc pas avec cinq cents hommes, comme on l'a dit tant de fois, qu'il prit la ville de Mexico.

(*b*) *Au fond de son cœur*] Cortès ayant fait cesser l'exécution, Guatimozin vécut encore deux ans. Il finit par être pendu, sur la déposition d'un Indien, qui l'accusa d'avoir conspiré contre les Espagnols.

CHAPITRE XI.

TANDIS que la paix, la justice, l'humanité regnoient encore dans ces régions fortunées, sous les loix des fils du Soleil; la tyrannie des Castillans s'étendoit comme un incendie: la ruine & la solitude en marquoient par-tout les progrès.

Le nord de l'Amérique étoit dévasté; le midi commençoit à l'être. En vain ce pieux solitaire, cet ami courageux & tendre des malheureux Indiens, Barthelemi de Las-Casas, avoit fait retentir le cri de la nature jusqu'au fond de l'ame des Rois (*); une pitié stérile, une volonté foible de remédier à tant de maux, fut tout ce qu'il obtint. On fit des loix: ces loix, sans force, ne purent de si loin réprimer la licence; la cupidité secoua

(*) Ferdinand & Charles-Quint.

le frein qu'on vouloit lui donner ; & sous des Rois qui condamnoient l'oppression & l'esclavage, l'Indien fut toujours esclave, l'Espagnol toujours oppresseur.

Barthelemi, s'humiliant devant l'éternelle sagesse, pleuroit au bord de l'Ozama (*a*), dans une retraite profonde, l'impuissance de ses efforts.

Cependant l'isthme étoit en proie au plus inhumain des tyrans. Ce barbare étoit Davila. Sa cruauté l'avoit rendu l'effroi des Peuples des montagnes qui joignent les deux Amériques. A travers les rochers, les forêts & les précipices, ses soldats, ses chiens dévorans furent lancés contre les Sauvages. Pour les détruire, il n'en coûta que la peine de les poursuivre, & celle de les égorger. Ainsi fut ouvert le passage de l'océan du nord à la mer Pacifique.

Là, de nouveaux bords se découvrent ; & l'ambition des conquêtes y voit un champ vaste à courir. Balboa (*b*), digne précurseur du sanguinaire Davila, a déja voulu pénétrer dans ces régions du midi ; & des flots de ſang indien ont inondé les bords où il a tenté de deſcendre. Après lui, de nouveaux brigands ont riſqué de plus longues courſes ; mais la conſtance ou la fortune leur a manqué dans ces travaux.

Il falloit que, pour la ruine de cette partie du Nouveau Monde, la nature eût formé un homme d'une réſolution, d'une intrépidité à l'épreuve de tous les maux ; un homme endurci au travail, à la miſere, à la ſouffrance ; qui ſût manquer de tout, & ſe paſſer de tout, s'animer contre les périls, ſe roidir contre les obſtacles, s'affermir encore ſous les coups de la plus dure adverſité. Cet homme étonnant fut Pizarre ; & cette force d'ame, que rien ne put dompter, n'étoit pas ſa ſeule vertu. Ennemi du luxe & du faſte, ſimple & grand, noble & populaire, ſévere quand il le falloit, indulgent lorſqu'il pouvoit l'être, & modérant, par la douceur d'un commerce libre &

facile, la rigueur de la discipline & le poids de l'autorité, prodigue de sa propre vie, attachant un grand prix à celle d'un soldat, libéral, généreux, sensible, il n'avoit point pour lui cette cupidité qui déshonoroit ses pareils : l'ambition de s'illustrer, la gloire d'avoir entrepris & fait une immense conquête, étoient plus dignes de son cœur. Il vit entasser à ses pieds des monceaux d'or dans des flots de sang ; cet or ne l'éblouit jamais ; il ne se plut qu'à le répandre. Sobre & frugal pendant sa vie, on le trouva pauvre à sa mort. Tel fut l'homme que la fortune avoit tiré de l'état le plus vil (*c*), pour en faire le conquérant du plus riche Empire du monde.

Connu, par sa bravoure, du Vice-Roi de l'isthme (*), il en obtint le droit d'aller chercher, par-delà l'équateur, des régions nouvelles & de nouveaux trésors. Un seul des vaisseaux qui restoient de

(*) Dom Pedre Arias Davila.

la flotte de Balboa, lui suffit pour son entreprise. Il l'arme au port de Panama; & le bruit s'en répand bientôt jusqu'à l'île Espagnole (*), à cette île fameuse par la conquête de Colomb, & dont on avoit fait depuis le siege de la tyrannie.

Au nom de Pizarre, une fiere jeunesse demande à s'aller joindre à lui. Leur Chef, Alonzo de Molina, magnanime & vaillant jeune homme, mais d'un courage trop bouillant & d'un naturel trop sensible, avoit gagné, par sa candeur, l'estime & l'amitié du vertueux Las-Casas. Il voulut, avant de partir, l'embrasser, & lui dire adieu.

« Hé quoi! lui dit le solitaire, l'avarice » des Castillans n'est donc pas encore » assouvie; & vous allez chercher pour » eux de nouveaux bords à ravager! – Le » ciel m'est témoin, répondit Alonzo, » que c'est la gloire qui me conduit. – La » gloire! ah! reprit l'homme juste, en

(*) Saint-Domingue.

» eſt-il pour les aſſaſſins ? en eſt-il à » tomber ſur un troupeau timide d'hommes » nus, foibles, déſarmés ; à les égorger » ſans péril, avec une cruauté lâche ? » Votre gloire eſt celle du vautour, lorſ- » qu'il déchire la colombe. Non, mon » ami, je vous le dis, la honte & la dou- » leur dans l'ame, rien ne peut effacer » l'opprobre dont ſe couvrent les Caſtil- » lans. Ils trahiſſent leur Dieu, leur » Prince, leur patrie ; & leur avarice » inſenſée ſe trompe, en croyant s'aſſou- » vir. Hélas ! s'ils avoient bien voulu mé- » nager leur conquête, l'Inde ſeroit heu- » reuſe, l'Eſpagne ſeroit opulente ; mais, » par l'abus honteux qu'ils font de la » victoire, ils auront épuiſé l'Eſpagne & » ruiné l'Inde ſans fruit ».

« Hé bien, voici, lui dit Alonzo, le » moment de les éclairer. Je ne connois » Pizarre que par ſa renommée ; mais on » me l'a peint généreux. Il eſt digne peut- » être, ô mon ami, d'entendre de votre » bouche la voix de l'humanité. Pourquoi

» ne demandez-vous pas à le ſuivre dans » ſa conquête ? Venez. Vos conſeils, » votre zele vous rendront reſpectable & » cher à mes compagnons comme à moi ».

Aux inſtances d'Alonzo, Barthelemi s'émeut ; il ſent réveiller dans ſon cœur ſon activité bienfaiſante ; & l'eſpoir d'être utile aux hommes ranime ſon ardeur. Mais la réflexion, la triſte prévoyance le découragent de nouveau. « Molina, dit-il » au jeune homme, vous connoiſſez mon » cœur. Je ne verrai jamais patiemment » faire du mal aux Indiens ; je parlerois » pour eux ſans ménagement & ſans » crainte ; & vous-même peut-être, expoſé » à la haine de ceux que j'aurois offenſés, » vous vous plaindriez de mon zele. – Ve- » nez, lui dit Alonzo ; & ne penſons qu'au » bien que votre préſence peut faire. Qui » ſait les crimes & les maux que vous épar- » gnerez au monde ? & quel reproche ne » vous feriez-vous pas, de n'avoir eu » qu'à vous montrer, pour ſauver des » millions d'hommes, & de ne l'avoir

» pas voulu ? – C'en eſt aſſez, lui dit » Las-Caſas. Je ne vous laiſſerai pas croire » que j'aie renoncé par faibleſſe à l'eſ» pérance d'être utile à ces infortunés. Je » vous ſuivrai. Faſſe le ciel que Pizarre » daigne m'entendre » !

Ils partent enſemble ; & bientôt le vaiſſeau qui les a reçus, aborde au rivage de l'iſthme. On y débarque à l'embouchure du fleuve des Lézards (*d*) ; & pour le remonter, on s'élance ſur des canots. Chacun de ces canots, formé du creux d'un cedre, porte vingt rameurs Indiens, qu'un farouche Eſpagnol commande. Mais ces rameurs, animés par les cris d'une jeuneſſe impatiente, redoublent en vain leurs efforts ; le fleuve leur oppoſe tant de rapidité, qu'ils ont peine à le vaincre, & ne vont contre le torrent qu'avec une extrême lenteur. Celui qui les commande, ſemble leur faire un crime de la violence des eaux. Leur corps, ruiſſelant de ſueur, eſt meurtri de verges ſanglantes. Hors d'haleine & preſque aux abois, ils souffrent leurs maux sans se plaindre; seulement des larmes muettes tombent sur leur rame, & se mêlent avec les goutes de sueur qu'on voit distiller de leur sein; & quelquefois ils levent sur celui qui les frappe un regard douloureux & tendre, qui semble implorer sa pitié.

Las-Casas, témoin de tant de barbarie, éprouve le tourment d'un pere, qui voit déchirer ses enfans. « Cessez, cruels, dit-il, » cessez de tourmenter ces malheureux, » qui se consument en efforts pour votre » service. Voulez-vous les voir expirer? » Ils sont hommes; ils sont vos freres; » ils sont enfans du même Dieu que » vous ». Alors s'adressant au plus jeune & au plus foible des rameurs : « Mon » ami, lui dit-il, respirez un moment; » je vais ramer à votre place ».

Les jeunes Espagnols, touchés de ce spectacle, s'empresserent tous à l'envi de soulager les Indiens. Ceux-ci tendoient les mains à l'homme bienfaisant qui leur procuroit ce relâche, le combloient de bénédictions, & lui donnoient ce tendre nom de pere qu'il avoit si bien mérité !

Alors Molina, s'approchant de Las-Casas, lui dit tout bas, avec un mouvement de joie : « Hé bien, mon pere, » vous repentez-vous à présent de nous » avoir suivis » ? Barthelemi le regarda d'un œil où la tendre compassion & la tristesse étoient peintes, & ne lui répondit que par un profond soupir.

Il est un village, connu sous le nom de Crucès, où le fleuve cesse d'être navigable. Ce fut là qu'obligé de quitter les canots, on suivit, à travers les bois, une longue & pénible route. Mais toute pénible qu'elle est, la fatigue en est adoucie, quand, du haut des côteaux, le regard se promene sur des vallons que la nature se plaît à parer de ses mains ; où la variété des arbres & des fruits, la multitude des oiseaux peints des couleurs les plus brillantes, forment un coup-d'œil enchanteur. Hélas ! dans ces climats si beaux, tout ce qui respire est heureux ;

l'homme opprimé, souffrant & misérable, y gémit seul sous le joug de l'homme, & remplit de ses plaintes les antres solitaires qui le cachent à son tyran.

De montagne en montagne, on s'éleve, on parvient jusqu'au sommet qui les domine, & d'où la vue, au loin, s'étend vers l'un & l'autre bord, sur l'immense abîme des eaux. De là se découvrent à la fois (*e*), d'un côté l'océan du nord, de l'autre la mer Pacifique, dont la surface, dans le lointain, s'unit avec l'azur du ciel. « Compagnons, leur dit Molina, saluons » cette mer, cette terre inconnue, où nous » allons porter la gloire de nos armes. Si » Magellan s'est rendu immortel, pour » avoir seulement reconnu ces pays im» menses, quelle sera la renommée de » ceux qui les auront soumis (*f*) » ?

Il descend la montagne, & bientôt, approchant des murs où Davila commande, il lui fait annoncer cent jeunes Castillans, qui viennent s'offrir à Pizarre, pour

pour aller chercher avec lui la gloire & les dangers.

Le farouche tyran de l'isthme étoit plongé dans la douleur. Il venoit de perdre son fils unique à la poursuite des Sauvages. « Soyez les bien venus, dit-il » aux jeunes Castillans ; & prenez part » à la désolation d'un pere, dont ces » féroces Indiens ont dévoré le fils. Oui » les cruels l'ont dévoré, ce fils, mon » unique espérance. Ah ! tout leur sang » peut-il jamais rassasier ma fureur ? Pour- » suivez, massacrez cette race impie & » funeste. S'il en échappe un seul, je ne » me croirai point vengé ».

Pizarre fit un accueil plus doux aux nouveaux compagnons que lui amenoit la fortune. Il les reçut sur son vaisseau, avec cet air plein de franchise & d'affabilité qui lui gagnoit les cœurs ; & après les éloges qu'il devoit à leur zele, il leur présenta ses amis. « Voilà, dit-il, le géné- » reux Almagre & le pieux Fernand de » Luques (*g*), qui consacrent, à mon

» exemple, leur fortune à cette entreprise ; » Almagre, assez connu par sa valeur, » & Fernand par les dignités qu'il rem» plit dans le Sacerdoce. Près de lui vous » voyez Valverde, zélé Ministre des » autels : c'est lui qui sera parmi nous » l'interprete du ciel, l'organe de la Foi, » l'Apôtre de la vérité, chez ces Nations » idolâtres. Ce guerrier est Salcédo, noble » & vaillant jeune homme : c'est à ses » mains que l'étendart de la Castille est » confié, & c'est lui qui nous conduira » dans le chemin de la victoire. Vous » voyez dans Ruïz un savant Pilote, à qui » cette mer est connue, & qui le premier » a tenté d'en parcourir les écueils, sous » l'intrépide Balboa ». Il leur nomma de même avec éloge Peralte, Ribéra, Séraluze, Aléon, Candie, Oristan, Salamon, & tous ceux qui l'accompagnoient.

Alonzo lui nomme à son tour les Castillans qu'il lui amene, tels que le jeune & beau Mendoce, l'audacieux Alvar, le bouillant & fougueux Pennate,

& Valasquès plus froidement superbe, & le magnanime Moscose, & Moralès, qui le premier devoit périr en abordant. Infortuné jeune homme! tu portois dans tes yeux le courage d'un immortel. Pizarre en connoît un grand nombre, ou par leur renommée, ou par celle de leurs aïeux. Il leur témoigne à tous combien il est sensible à l'honneur de les commander. Ses regards s'attachent enfin sur l'humble & pieux Solitaire qu'il voit à côté d'Alonzo. « Est-ce encore là, demande-t-il, un messager de la Foi, que son zele engage à nous suivre »?

Au nom de Las-Casas, au nom de ce héros de la Religion & de l'humanité, que l'Espagne avoit honoré du nom de *Protecteur de l'Inde*, Pizarre est saisi de respect, & se prosternant devant lui, croit adorer la vertu même. « Est-ce vous, » lui dit-il, vénérable & pieux mortel, » est-ce vous qui venez bénir & partager » nos travaux? Quel présage pour moi de » la faveur du ciel, & du succès de mon » entreprise »!

« Vaillant & généreux Pizarre, lui » répondit le Solitaire, le seul témoignage » assuré de la faveur du ciel est dans le » cœur de l'homme juste. Méritez-la par » vos vertus ; & n'enviez point aux » méchans des succès dont le ciel s'irrite. » La gloire d'être humain, sensible & bien- » faisant, sera pure, & d'autant plus belle, » que vous aurez peu de rivaux ».

NOTES.

(*a*) *Au bord de l'Ozama*]. Riviere sur laquelle Barthelemi Colomb, frere de l'Amiral, avoit fait bâtir la ville de saint Domingue.

(*b*) *Balboa, digne précurseur du sanguinaire Davila*]. Vasco Nugnès de Balboa. Il avoit découvert la mer du Sud en 1513. Ce fut à lui qu'un Indien répondit *Béru*, *Pelu*, je m'appelle *Béru*, & j'habite le bord de *la riviere* : de-là le nom de *Pérou*. Balboa étoit gendre de Davila. Celui-ci lui fit trancher la tête.

(*c*) *De l'état le plus vil*]. La premiere condition de Pizarre avoit été la même que celle de Sixte-Quint.

(*d*) *Du fleuve des Lézards*]. Aujourd'hui *la Chagre*, qui, des montagnes de l'isthme, descend dans la mer du nord. Ses eaux font une lieue par heure.

(*e*) *De-là se découvre à la fois*]. On préfere ici le témoignage de M. de la Condamine à celui de Lionnel Wafer, lequel assure que d'aucun endroit de l'isthme on ne découvre à la fois les deux mers.

(*f*) *Qui les auront soumis*]. Le voyage de Magellan en 1521 & 1522; l'entreprise de Pizarre en 1524.

(*g*) *Fernand de Luques*]. Augustin Zarate prétend qu'Almagre étoit fils naturel de Fernand de Luques. (*Découverte & conquête du Pérou. L. 1.*).

CHAPITRE XII.

LE vaiſſeau, pour mettre à la voile, attendoit un vent favorable. On fit des vœux pour l'obtenir. Le plus auguſte de nos myſteres fut célébré ſur la poupe, par ce même Fernand de Luques, intéreſſé avec Almagre dans les riſques de l'entrepriſe, & comme lui aſſocié dans le partage du butin.... O ſuperſtition! Ce Prêtre ſacrilege, pour rendre les autels garans de ſes vils intérêts, ſuſpend le divin ſacrifice, au moment de le conſommer; & tenant dans ſes mains la victime pure & céleſte, il ſe tourne vers l'aſſiſtance. Sur ſon front chauve & ſillonné de rides, l'auſtérité paroît empreinte; il ſouleve un ſourcil épais dont ſon œil morne eſt ombragé; & d'une voix ſemblable à celle qui, du creux des autels, prononçoit les oracles: « Venez, Pizarre, & vous Almagre, venez,

» dit-il, ſceller du ſang d'un Dieu notre » illuſtre & ſainte alliance ». Alors rompant l'Hoſtie en trois (*a*), il s'en réſerve une partie, & en donnant une à chacun de ſes aſſociés interdits & tremblans : « Ainſi, dit-il, ſoit partagée la dépouille » des Indiens ». Tel fut leur ſerment mutuel, tel fut le pacte de l'avarice. Barthelemi en fut épouvanté.

Le même jour on tint conſeil; & là, on entendit Pizarre expoſer ſon plan, ſes moyens, ſes meſures & ſes reſſources. Fernand de Luques, chargé du ſoin de pourvoir aux beſoins de la flotte, devoit reſter à Panama, tandis qu'Almagre voyageroit ſans ceſſe du port de l'iſthme aux bords où l'on alloit deſcendre, & y ameneroit les ſecours : rien n'avoit été négligé; & la prudence de Pizarre, en prévoyant tous les obſtacles, ſembloit les avoir applanis : tel fut l'éloge unanime qu'elle reçut dans le conſeil.

Mais Las-Caſas, qui, dans ce plan, voyoit les Indiens vaſſaux des Caſtillans, ou plutôt leurs esclaves, destinés aux plus durs travaux, ne put renfermer sa douleur. Il demande à parler; on lui prête silence; &, la tristesse dans les yeux: « J'entends, dit-il, qu'on se pro-» pose de distribuer les Indiens comme » de vils troupeaux. On l'a fait dans les » îles; les îles ne sont plus que d'effrayantes » solitudes. Des millions d'infortunés ont » péri sous le joug. Suivrez-vous cet » exemple, & ferez-vous périr de même » les Peuples de ces bords »?

Chacun s'empressa de répondre qu'on les ménageroit. « Il n'en est qu'un moyen, » continua le Solitaire: c'est de ne laisser » à personne le pouvoir de les opprimer. » Qu'ils soient Sujets, mais Sujets libres. » Le même Roi, la même loi, &, comme » je l'espere, le même Dieu que nous; » mais jamais d'autre dépendance: voilà » leur droit, que je réclame au nom de » la nature, & à la face du ciel ».

« Vertueux Las-Casas, lui répondit » Pizarre, vos vœux & les miens sont

» d'accord. Faire adorer mon Dieu, faire » obéir mon Roi, impoſer à ces Peuples » un tribut modéré, établir entre eux & » l'Eſpagne un commerce utile pour eux, » autant qu'avantageux pour elle; voilà » ce que je me propoſe. Faſſe le ciel que, » ſans uſer de contrainte & de violence, » je puiſſe l'obtenir! – Je vous en ſuis » garant, reprit vivement Las-Caſas. Mais » Pizarre, promettez-moi que, ſi ces » Peuples ſont dociles, s'ils ſouſcrivent à » des loix juſtes, s'ils ne demandent qu'à » s'inſtruire, ils ſeront libres comme nous; » que leurs jours, leurs biens, leur repos, » ſeront protégés par vos armes; que » l'honnêteté, la pudeur, la timide & » foible innocence, auront en vous un » défenſeur, un vengeur. – Je vous le » promets. – Que vous ne ſouffrirez ja- » mais qu'on les arrache à leur patrie, » qu'on les condamne à des travaux, » qu'on exige d'eux, par la crainte, la » menace & les châtimens, au-delà du » tribut impoſé par vous-même. – Telle

» eſt ma réſolution. – Hé bien, jurez-le » donc au Dieu que vous avez reçu, » & que tous vos amis le jurent ».

A ce diſcours un bruit confus ſe répandit dans l'aſſemblée ; & Fernand de Luques prenant la parole : « Quoi, dit-il » à Barthelemi, jurer à Dieu de ménager des barbares qui le blaſphement, » qui brûlent devant les idoles un encens » qui n'eſt dû qu'à lui ! Jurons plutôt de » les exterminer, s'ils oſent défendre leurs » temples, & s'ils refuſent d'adorer le » Dieu que nous leur annonçons. L'Amérique nous appartient au même titre » que Canaan appartenoit aux Hébreux : » le droit du glaive qu'ils avoient ſur » l'idolâtre Amalécite (*b*), nous l'avons » ſur des Infideles, plus aveuglés, plus » abrutis dans leurs déteſtables erreurs. » Ils ſe plaignent qu'on leur impoſe un » trop rigoureux eſclavage ; mais eux-mêmes, ſont-ils plus doux, plus humains » envers leurs captifs ? Sur des autels » rougis de ſang, ils leur déchirent les

» entrailles; ils ſe partagent, par lambeaux, » leurs membres encore palpitans; ils les » dévorent les barbares; ils en ſont les » vivans tombeaux. Et c'eſt pour cette race » impie qu'on parle avec tant de chaleur! » Si les châtimens les effraient, qu'ils » ceſſent de nous dérober cet or ſtérile » dans leurs mains, & qui nous a déja » coûté tant de périls & de fatigues. » Quoi! n'avez-vous franchi les mers, » n'avez-vous bravé les tempêtes, & » cherché ce malheureux monde à tra- » vers tant d'écueils, que pour abandon- » ner l'unique fruit de vos travaux, vous » en retourner les mains vuides, & ne » rapporter en Eſpagne que la honte & » la pauvreté? L'or eſt un don de la » nature. Inutile à ces Peuples, il nous » eſt néceſſaire. C'eſt donc à nous qu'il » appartient; & leur malice, opiniâtre à » le cacher, à l'enfouir, les rendroit ſeule » aſſez coupables pour juſtifier nos ri- » gueurs. Quant à leur eſclavage, il eſt la » pénitence des crimes dont les a ſouillés

» un culte impie & sanguinaire. Ce ne sont » pas les creux des mines, où ils sont » enfermés vivans, que l'on doit redouter » pour eux. Ils méritent d'autres ténebres » que celles de ces noirs cachots ; & » pourvu qu'ils y meurent résignés & » contrits, ils béniront un jour les mains » qui les auront chargés de chaînes ».

Ainsi parla Fernand de Luques. Las-Casas, qui, d'un œil immobile d'horreur, le regardoit & l'écoutoit, lui répondit: « Prêtre d'un Dieu de paix, vos levres, » où ce Dieu reposoit tout-à-l'heure, ont-» elles proféré ce que je viens d'entendre ? » Est-ce du haut du bois arrosé de son » sang, où, s'immolant pour tous les » hommes, sa bouche expirante imploroit » la grace de ses ennemis, est-ce du haut » de cette croix qu'il vous a dicté ce lan-» gage ? Vous, Chrétien, vous parlez » d'exterminer un Peuple qui ne vous a » fait aucun mal ! S'il vous en avoit fait, » votre Religion vous diroit encore de » l'aimer. Vous vous comparez aux

» Hébreux, & ce Peuple aux Amalécites! » Laiſſez, laiſſez-là ces exemples, dont » on n'a que trop abuſé. Si Dieu, dans » ſes conſeils, a jamais dérogé aux ſaintes » loix de la nature, il a parlé, il a donné » un décret formel, authentique, dans » toute la ſolemnité que ſa volonté doit » avoir, pour forcer l'homme à lui obéir » plutôt qu'à la voix de ſon cœur; & » ce décret n'a pu s'étendre au-delà des » termes précis où lui-même il l'a ren- » fermé : l'ordre accompli, la loi qu'il » avoit ſuſpendue, a repris ſon cours éter- » nel. Dieu parloit aux Iſraélites; mais » Dieu ne vous a point parlé. Tenez-vous » en donc à la loi qu'il a donnée à tous » les hommes : *Aimez-moi, aimez vos » ſemblables* : voilà ſa loi, Fernand. Sont-ce » là vos tortures? & vos chaînes? & vos » bûchers?

» Les Indiens, ſans doute, ont exercé » entre eux des cruautés bien condam- » nables; mais, fuſſent-ils plus inhumains, » eſt-ce à vous de les imiter? Leur

» malheur, hélas ! eſt de croire à des
» Dieux ſanguinaires. Si, au lieu du tigre,
» ils voyoient ſur leurs autels l'agneau
» ſans tache, ils ſeroient doux comme
» l'agneau. Et qui de nous peut dire,
» qu'élevé dès l'enfance dans le ſein des
» mêmes erreurs, l'exemple de ſes peres,
» les loix de ſon pays n'auroient pas tenu
» ſa raiſon captive ſous le même joug ?
» Plaignez donc, ſans les condamner,
» ces eſclaves de l'habitude, ces victimes
» du préjugé. Cependant, dites-moi s'ils
» ſont par-tout les mêmes ; & quel mal
» avoient fait les Peuples de l'Eſpagnole
» & de Cuba ? Rien de plus doux, de plus
» tranquille, de plus innocent que ces
» Peuples. Toute leur vie étoit une pai-
» ſible enfance ; ils n'avoient pas même
» des fleches pour bleſſer les oiſeaux de
» l'air. Les en a-t-on plus épargnés ? C'eſt
» là que j'ai vu des brigands, ſans motifs,
» ſans remords, maſſacrer les enfans,
» égorger les vieillards, ſe ſaiſir des femmes
» enceintes, leur déchirer les flancs, en

» arracher le fruit. . . . O Religion ſainte, » voilà donc tes miniſtres ! O Dieu de la » nature, voilà donc tes vengeurs ! Enfer- » mer un Peuple vivant dans les rochers » où germe l'or ; l'y faire périr de miſere, » de fatigue & d'épuiſement, pour accu- » muler vos richeſſes, & pour engendrer » ſur la terre tous les vices, enfans du » luxe, de l'orgueil, de l'oiſiveté : ô Fer- » nand ! c'eſt la pénitence que vous im- » poſez à ces peuples ! Ecartez ce maſque » hypocrite, qui vous gêne ſans nous » tromper. Vous ſervez un Dieu ; mais » ce Dieu, c'eſt l'impitoyable avarice. » C'eſt elle qui, par votre bouche, ou- » trage ici l'humanité, & veut rendre le » ciel complice des fureurs qu'elle inſpire, » & des maux qu'elle fait ».

Fernand, qui, pendant ce diſcours, n'avoit ceſſé de frémir, & de rouler ſur l'aſſemblée des yeux étincelans, ſe levoit pour répondre. Pizarre le retint. Mais Valverde parla, & prit le ton paiſible d'un ſage conciliateur. Cet homme, le plus noir, le plus diſſimulé que l'Eſpagne eût produit, pour le malheur du Nouveau Monde, portoit dans ſon cœur tous les vices; mais il les couvoit ſourdement; & le maſque de l'hypocriſie, qu'il ne quittoit jamais, en impoſoit à tous les yeux.

« Barthelemi, dit-il, ne conſultons ici » que les intérêts de Dieu même : car » l'homme n'eſt rien devant lui. Ces » Peuples ſont ſes ennemis, & ſes ennemis » éternels, s'ils meurent dans l'idolâtrie : » vous ne le déſavouerez pas. Comment » donc celui qui demain ſera l'objet de ſa » colere, peut-il être aujourd'hui l'ob- » jet de mon amour? Qu'ils ſe faſſent Chré- » tiens; la charité nous lie. Mais juſques-là » Dieu les exclut du nombre de ſes enfans. » C'eſt à ce titre, d'ennemis des Gentils & » des Infideles, & de Conquérans pour » la Foi, que ce Monde nous appartient. » Le ſouverain Pontife en a fait le partage, » & il l'a fait du plein pouvoir de celui » de qui tout dépend (*c*). Mais, quelles » que

» que ſoient les richeſſes que profanent » les Indiens, quelque abus même qu'ils » en faſſent, le droit d'en dépouiller les » temples & les autels de leurs idoles, » pour en faire un plus digne uſage, » n'eſt pas ce qui doit nous toucher. » Oublions ces fragiles biens; ne pen» ſons qu'au ſalut des ames. Il s'agit de » gagner, ou de laiſſer périr celles de » tous ces malheureux. Voulez-vous les » abandonner, ou les retirer de l'abîme? » Pour les ſauver, à Dieu ne plaiſe que je » veuille que l'on préfere les moyens les » plus violens. Dans les îles peut-être on » a été trop loin; on n'a pas aſſez mo» déré la premiere ferveur du zele; & » s'il eſt un moyen plus doux de captiver » les Indiens, qu'un eſclavage ſalutaire, » comme vous je demande qu'on daigne » l'eſſayer. Mais ſi l'on ſe voit obligé de » faire à des eſprits rebelles une heureuſe » néceſſité de ſubir le joug de la Foi, » vaut-il mieux les abandonner, que d'em» ployer à les réduire une utile & ſainte

» rigueur ? C'eſt ce que je ne puis pen-
» ſer. Attendons que les circonſtances
» nous éclairent & nous décident, ſans
» renoncer au droit divin de commander
» & de contraindre, mais avec la ferme
» aſſurance de ne jamais en abuſer. Voilà,
» je crois, ce que le zele, d'accord avec
» l'humanité, conſeille à des héros chré-
» tiens ».

L'aſſemblée étoit ſatisfaite du parti modéré que propoſoit Valverde. Mais Las-Caſas ne vit en lui qu'un fourbe adroit & dangereux. « De toutes les ſuperſtitions,
» dit-il, la plus funeſte au monde, eſt
» celle qui fait voir à l'homme, dans ceux
» qui n'ont pas ſa croyance, autant d'en-
» nemis de ſon Dieu : car elle étouffe
» dans les cœurs tout ſentiment d'huma-
» nité ; & Valverde a raiſon : comment
» peut-on aimer l'éternel objet des ven-
» geances & de la haine de ſon Dieu ?
» De là ce barbare mépris qu'on a conçu
» pour les Sauvages, & ſouvent cette joie
» atroce qu'on reſſent à les opprimer. Ah!

» loin de nous cette pensée, que Dieu, » tant que l'homme respire, puisse le haïr » un moment. Ces Indiens sont comme » vous l'ouvrage de ses mains; il aime son » ouvrage; il les a faits pour être heu- » reux. Toujours le même, il veut encore » ce qu'il voulut en les créant; & infini » dans sa puissance comme dans sa bonté, » il a mille moyens qui nous sont incon- » nus, d'attirer à lui ses enfans.

» Le lien fraternel n'est donc jamais » rompu : la charité, l'égalité, le droit » naturel & sacré de la liberté, tout sub- » siste; & d'accord avec la nature, la » Foi, d'un bout du monde à l'autre, » ne présente aux yeux du Chrétien » que des freres & des amis. Mais, » dites-vous, si l'esclavage est le seul » moyen d'engager, de retenir les Indiens » sous le joug de la Foi!... Juste ciel! » l'esclavage! la honte & le scandale de » la Religion, est le seul moyen de » l'étendre! Ah! c'est lui qui la désho- » nore, qui la rend odieuse, & qui la

» détruiroit, si l'enfer pouvoit la détruire.
» Il fut cruel chez tous les Peuples; il
» est atroce parmi nous. Vous le savez;
» vous avez vu le fils arraché à son pere;
» la femme à son époux, la mere à ses
» enfans; vous avez vu jeter dans le fond
» d'un vaisseau des troupeaux d'hommes
» enchaînés, y croupir entassés, consu-
» més par la faim; vous avez vu ceux
» qui sortoient de cet exécrable tombeau,
» pâles, abbatus de foiblesse, aussi-tôt
» condamnés aux travaux les plus acca-
» blans. Et c'est-là, dit-on, le moyen
» de gagner les esprits! En a-t-on tenté
» d'autres? A-t-on daigné les éclairer?
» A-t-on pris soin de les instruire? Veut-
» on même qu'ils soient instruits? On
» veut qu'ils vivent & qu'ils meurent
» comme des animaux stupides. Pour les
» persuader il eût fallu vivre avec eux,
» souffrir leur indocilité, l'apprivoiser par
» la douceur, l'attirer par la confiance,
» & la vaincre par les bienfaits. C'est
» l'exemple qui prouve; & le plus digne

» apôtre de la Religion, c'eſt la vertu. » Soyez bons, ſoyez juſtes; vous ſerez » écoutés. Je connois bien ce Nouveau » Monde! Interrogez ceux dont le zele » portoit le flambeau de la Foi dans ces » régions déſolées, où l'on a commis tant » de maux. Demandez-leur quel doux » empire a ſur l'ame des Indiens la raiſon, » l'équité, la vertu bienfaiſante, la con- » ſolante vérité. Demandez-leur s'il fut » jamais de Peuple moins jaloux de ſes » opinions, plus empreſſé d'ouvrir les » yeux à la lumiere, plus facile à per- » ſuader? Mais au moment qu'on leur » prêchoit un Dieu clément & débon- » naire, ils voyoient arriver des raviſſeurs » perfides, & d'infâmes déprédateurs, qui, » au nom de ce même Dieu, les dépouil- » loient, les enchaînoient, leur faiſoient » ſouffrir mille outrages. Pouvoient-ils, » ne pas accuſer de fourberie & d'impoſ- » ture ceux qui leur annonçoient la dou- » ceur de ſa loi? Ce que je dis-là, je » l'ai vu, je l'ai vu: ce n'eſt pas devant

» moi qu'il faut calomnier ces Peuples.

» Mais fussent-ils opiniâtres & obstinés » dans leurs erreurs, est-ce pour vous » une raison de les réduire au rang des » bêtes? On espere adoucir pour eux » les rigueurs de la servitude! On l'a » promis cent fois; a-t-on pu s'y résoudre? » J'ai vu Ferdinand s'attendrir, j'ai vu » Ximenès s'indigner, j'ai vu Charles » frémir des inhumanités dont je leur » faisois la peinture. Ils y ont voulu re- » médier; & avec toute leur puissance, » ils l'ont voulu en vain. Quand le vautour » de la tyrannie s'est saisi de sa proie, » il faut qu'il la dévore, & rien ne peut » l'en détacher. Non, mes amis, point » de milieu : il faut renoncer au nom » d'hommes, abjurer le nom de chrétiens, » ou nous interdire à jamais le droit de » faire des esclaves. Cet avilissement » honteux, où le plus fort tient le plus » foible, est outrageant pour la nature, » révoltant pour l'humanité, mais abomi- » nable sur-tout aux yeux de la religion.

» *Mon frere, tu es mon esclave*, est » une absurdité dans la bouche d'un » homme, un parjure & un blasphême » dans la bouche d'un Chrétien.

» Et de quel titre s'autorise la fureur » d'opprimer? *Conquérans pour la Foi!* » La Foi ne nous demande que des cœurs » librement soumis. Qu'a-t-elle de com- » mun avec notre avarice, nos rapines, » nos brigandages? Le Dieu que nous » servons est-il affamé d'or? *Un Pontife* » *a partagé l'Inde!* Mais l'Inde est-elle à » lui? mais avoit-il lui-même le droit qu'on » s'arroge en son nom? Il a pu confier ce » monde à qui prendroit soin de l'instruire, » mais non pas le livrer en proie à qui » voudroit le ravager. Le titre de sa con- » cession est fait pour un Peuple d'A- » pôtres, non pour un Peuple de bri- » gands.

» L'Inde n'est donc à vous que par » droit de conquête; & le droit de » conquête, tyrannique en lui-même, ne » peut être légitimé que par le bonheur

» des vaincus. Oui, Pizarre, c'est la clé-
» mence, la bonté qui le justifient; &
» l'usage de la victoire va vous donner
» la renommée, ou d'un brigand par vos
» fureurs, ou d'un héros par vos bienfaits.
» Ah! croyez-moi, n'attendez pas le mo-
» ment de l'ivresse & de l'emportement,
» pour mettre un frein à la victoire. Ce
» jour est, pour vous, consacré à des
» résolutions saintes. Tous ces guerriers,
» disposés comme vous à écouter la voix
» de la nature, suivront votre exemple à
» l'envi. Ils sont jeunes, sensibles, & la
» corruption ne les a point gagnés encore:
» j'en ai fait l'épreuve récente; je crois
» même les voir touchés des malheurs
» que je vous ai peints. Je vous conjure,
» au nom de la religion, au nom de la
» patrie & de l'humanité, de faire avec
» eux le serment d'épargner les Peuples
» soumis, de respecter leurs biens, leur
» liberté, leur vie. C'est un lien sacré
» dont vous aurez besoin peut-être, pour
» vous épargner de grands crimes; c'est

» du moins un gage de paix, qu'au nom » des Indiens, leur ami, dirai-je leur » pere, vous demande à genoux, & les » larmes aux yeux ». A ces mots il se prosterna.

« Et moi, dit Fernand, je m'oppose » à cet acte déshonorant. Tant de pré- » caution marque pour nous trop peu » d'estime. L'homme fidele à son devoir, » se répond assez de lui-même, & n'a » pas besoin qu'on le gêne par les entraves » du serment ».

« Pour garantir vos intérêts, reprit mo- » destement Las-Casas, le serment le plus » redoutable vient d'être exigé par vous- » même; & pour le salut de ces Peuples, » le serment vous paroît inutile & inju- » rieux »!

Fernand se sentit confondu, & n'en devint que plus atroce. Il se répandit en injures contre le protecteur de l'Inde, l'accusa de trahir son Roi, sa patrie, & son Dieu lui-même; lui donna les noms odieux de délateur, de partisan du crime

& de l'impiété. Pizarre, à qui cet homme violent & pervers étoit trop nécessaire encore, vit le moment qu'il le perdoit. Il commença par l'appaiser; & puis, s'adressant à Las-Casas, lui dit d'un air respectueux, que son zele méritoit bien la gloire qu'il lui avoit acquise; que ses conseils & ses maximes lui seroient à jamais présens; qu'il les suivroit autant qu'il lui seroit possible; mais qu'il croyoit que sa parole étoit un gage suffisant.

Le Solitaire consterné se retire avec Alonzo. « Vous voyez, dit-il, mon ami, » qu'ici mon zele est inutile. Je vous » l'avois bien dit. Cette épreuve m'éclaire; » n'en demandez pas davantage. Je » crois connoître assez Pizarre : il seroit » juste & modéré, si chacun consentoit » à l'être. Mais il veut réussir; & son » ambition fera céder aux circonstances » sa droiture & son équité. Je ne vous » propose point de renoncer à le suivre : » ce seroit affoiblir le nombre & le parti » des gens de bien. Mais moi, dont la

» présence est déja importune, & seroit » bientôt odieuse, je n'ai plus désormais » qu'à regagner ma solitude. Adieu. Si » vous voyez tourner cette conquête en » brigandage, prenez conseil de votre » cœur, il vous conduira toujours bien ».

Alonzo, déja mécontent de tout ce qui s'étoit passé, fut sur-tout indigné de voir qu'on se délivroit de Las-Casas; & lui-même il l'auroit suivi, si son honneur, trop engagé, ne l'avoit retenu. « Mon » ami, lui dit-il, je reste, je vous obéis » à mon tour; mais j'observerai Pizarre; » j'éprouverai dans peu s'il tient ce qu'il » vous a promis; & si j'ai le malheur » d'être avec des brigands, soyez bien » assuré que je n'y serai pas long-temps ».

NOTES.

(a) ALORS *rompant l'hostie en trois*]. Ce trait-là est historique. *Pigliarono l'hostia consacrata del santissimo sacramento, giorando di non romper mai la fede.* (*Benzoni.* L. 3.)

(b) *Sur l'idolâtre Amalecite*]. Cette comparaison a été faite par le Missionnaire Gumilla, & par bien d'autres fanatiques.

(c) *Du plein pouvoir de celui de qui tout dépend*]. Les termes de la bulle sont : *De nostrâ merâ liberalitate, & ex certâ scientiâ, ac de apostolicæ potestatis plenitudine...., Autoritate omnipotentis Dei, nobis in beato Petro concessâ....: donamus, concedimus & assignamus.*

CHAPITRE XIII.

BARTHELEMI fut remmené jusqu'au fleuve des Lézards. Il monte une barque indienne; & la rapidité du fleuve l'éloigne bientôt de Crucès. Libre & seul avec ses Sauvages, il leur parloit; il jouissoit de leurs carresses naïves; il tâchoit de les consoler.

L'un deux lui dit : « Notre bon pere, » tu nous aimes & tu nous plains. Nous » savons tout ce que tu as fait pour sou- » lager notre misere. Veux-tu porter la » joie chez nos amis de la montagne? Ils » savent que nous t'avons vu : Capana, le » chef de nos freres, donneroit dix ans » de sa vie pour te posséder un moment. » Viens le voir. Le sentier qui mene à sa » retraite est rude, étroit, entrecoupé de » torrens & de précipices; mais, sur des » tissus de liane, nous te porterons tour-à- » tour ».

A ces mots, deux ruiſſeaux de larmes coulerent des yeux de Las-Caſas ; & tant de courſes d'un monde à l'autre, tant de peines & de travaux qu'il avoit eſſuyés pour eux, tout fut récompenſé.

« Quoi, ſur l'iſthme ! quoi, près d'ici, » des Indiens libres encore ! Ah ! du » moins ſont-ils bien cachés, demanda- » t-il, & Davila ne peut-il pas les décou- » vrir » ? Leur aſyle eſt sûr, lui dirent les Sauvages ; nous ſeuls en connoiſſons la route ; & le ſilence eſt ſur nos levres. Nous ſavons nous taire & mourir.

Las-Caſas conſent à les ſuivre. On laiſſe le canot dans un anſe du fleuve ; & à travers d'épais buiſſons, on s'enfonce dans ces déſerts.

Comme ils paſſoient un défilé entre deux hautes montagnes, un cri fit retentir les bois. Les Indiens pâlirent ; leurs cheveux ſe dreſſerent. C'étoit le cri du tigre ; ils l'avoient reconnu. Immobiles & en ſilence, ils écouterent ; le même cri ſe fait entendre de plus près. Alors, jugeant que le péril approche, & que le tigre vient ſur eux, ils ſe raſſemblent, ils ſe preſſent autour de Las-Caſas. « Laiſſe-» nous t'entourer, lui diſent-ils, & ne » crains rien; ne crains rien; il n'en pren-» dra qu'un, & ce ne ſera pas toi ». En effet, l'animal féroce, pour franchir le vallon, ne fait que trois élans, &, ſaiſiſſant un Indien, l'emporte dans les bois, ſans ralentir ſa courſe (*a*). Le pieux Solitaire leve les mains au ciel en pouſſant un cri lamentable, & tombe oppreſſé de douleur. Bientôt, reprenant ſes eſprits, & ſe retrouvant au milieu de ſes Indiens, qui le rappellent à la vie : « Ah! mes » amis, qu'ai-je vu, leur dit-il? – Allons, » mon pere, prends courage, lui ré-» pondent ces malheureux; ce n'eſt rien. » – Ce n'eſt rien, grand Dieu! – Non, » ce n'eſt rien que les tigres, en compa-» raiſon des Eſpagnols. – O race impie » & féroce! Quelle honte pour vous, » s'écria Las-Caſas! Vous réduiſez les » Indiens à ne pas ſe plaindre des tigres »!

Enfin, de rochers en abîmes, ils approchent de la vallée. Elle étoit entourée d'un cercle de montagnes couvertes d'épaiſſes forêts, & qui, de tous côtés, ne préſentoient aux yeux qu'une maſſe énorme & profonde, ſans laiſſer ſoupçonner le vuide que leur enceinte renfermoit.

A travers l'épaiſſeur des bois, on s'avance, on gravit, on franchit enfin les montagnes. Tout-à-coup, aux yeux de Las-Caſas, ſe découvre un riche vallon, dont la fertilité l'enchante. Au centre de la plaine, s'élevoit un hameau, & au milieu du hameau la cabane du Cacique. Barthelemi, à cette vue, ſe ſent ému de joie & de pitié. « Pauvre Peuple, s'écria-» t-il avec attendriſſement; faſſe le ciel » que ton aſyle ſoit à jamais impéné-» trable »!

A l'approche des Indiens, leurs compagnons accourent, impatiens d'apprendre ce qu'ils leur viennent annoncer. « Nous vous amenons notre pere, diſent » ceux-ci

» ceux-ci avec transport. Le voilà ; c'est » lui, c'est Las-Casas ». A ce nom, rien ne peut exprimer l'allégresse de ce Peuple reconnoissant. Leurs bras se disputent la gloire de l'enlever, de le porter en triomphe jusqu'au village, où le Cacique a déja su l'arrivée de Las-Casas.

Il s'avance au-devant de lui, & lui tendant les bras : « Viens, lui dit-il, mon » pere, viens consoler tes enfans de tous » les maux qu'on leur a faits : en te voyant, » ils les oublient ». Las-Casas jouissoit du bonheur le plus doux que puisse goûter sur la terre un cœur vertueux & sensible. « O mes amis, leur disoit-il, en les em- » brassant tour-à-tour, si vous m'aimez si » tendrement, moi qui ne vous ai fait » aucun bien ; quel n'eût pas été votre » amour pour un Peuple qui eût mis sa » gloire à vous donner des arts utiles, » de sages loix, de bonnes mœurs, & » un culte agréable au Dieu de l'univers ? » – Ah ! mon pere, dit le Cacique, » nous aurions adoré ce Peuple généreux.

» Laiſſons les regrets inutiles. Le ſeul » homme, entre ces barbares, qui ait été » juſte & bienfaiſant, nous le poſſédons. » Je ne veux t'occuper que de notre » joie ».

Il le mena dans ſa cabane; & quelle fut la ſurpriſe de Barthelemi, en y voyant ſur un autel une ſtatue de bois de cedre, où ſes traits étoient ébauchés! Le Cacique lui dit : « Regarde. C'eſt toi, » mon pere, oui, c'eſt toi-même. Un » de nos Indiens qui t'avoit vu, & qui » t'avoit toujours préſent, m'a fait ta » reſſemblance. Elle nous ſuit par-tout. » C'eſt elle que nous invoquons dans » toutes nos entrepriſes; & depuis que » nous la poſſédons, tout nous a réuſſi ».

Las-Caſas, qui d'abord n'avoit pu ſe défendre d'un mouvement de reconnoiſſance, ſe reprocha ce ſentiment; & parlant au Cacique d'un air doux & ſévere: « Renverſez, dit-il, cette image : un ſimple » mortel n'eſt pas digne de votre vénération ». A ces mots il alloit ſaiſir la ſtatue, pour la briser. Le Cacique la défendit, comme il eût défendu ses enfans & sa femme. « Ah ! lui dit-il, laisse-nous cette » chere ombre de toi-même. Quand tu » ne seras plus, elle rappellera à nos » enfans, à nos neveux, le seul ami que » nous ayons eu parmi nos cruels oppres- » seurs ».

Tout le Peuple s'assemble autour de la cabane, & demande à voir Las-Casas. Il se montre ; & l'air retentit de ce cri d'allégresse : « Le voilà, l'homme juste, » l'homme bienfaisant, le voilà. Il nous » aime, il nous plaint, il vient voir ses » amis. Qu'il reste avec nous, l'homme » juste : nos cœurs & nos biens sont à » lui ».

« O Dieu de la nature ! s'écria Las- » Casas, se pourroit-il que des cœurs si » vrais, si doux, si simples, si sensibles, » ne fussent pas innocens devant toi » !

Cependant de jeunes chasseurs se sont répandus dans la plaine, les uns perçant les oiseaux de l'air de leurs fleches inévitables, les autres forçant à la course les chevreuils, moins agiles qu'eux. La proie arrive en affluence; & le festin est préparé.

Assis à côté du Cacique, & au milieu de sa famille, Las-Casas s'instruit de leurs loix, de leurs mœurs & de leur police. La nature est leur guide & leur législateur. S'aimer, s'aider mutuellement, éviter de se nuire; honorer leurs parens, obéir à leur Roi; s'attacher à une compagne, qui les soulage dans leurs travaux, & qui leur donne des enfans, sans que le soupçon même de l'infidélité trouble cette union paisible; cultiver en commun leurs champs, & s'en distribuer les fruits : telle étoit leur société.

Hé bien, dit Las-Casas, c'est la loi de mon Dieu, qu'il a gravée dans vos ames : vous le servez sans le connoître; & c'est sa voix qui vous conduit.

« Ton Dieu ! il est notre ennemi, dit » le Cacique; il est le Dieu des Espa- » gnols. – Le Dieu des Espagnols n'est

» point votre ennemi : il eſt le Dieu de » la nature entiere ; & nous ſommes tous » ſes enfans. – Ah ! s'il eſt vrai, dit le » Cacique, nous cherchons un Dieu qui » nous aime ; celui de Las-Caſas doit » être juſte & bon, & nous voulons bien » l'adorer. Hâte-toi, fais-le nous con- » noître ». Alors, ſe livrant à ſon zele, Las-Caſas leur fit de ſon Dieu une peinture ſi ſublime & ſi touchante, que le Cacique, ſe levant avec tranſport, s'écria : « Dieu de Las-Caſas, reçois nos vœux » ! Et tout ſon Peuple répéta ces mots après lui.

Dans ce moment, le Cacique, regardant le Solitaire, crut voir ſur ſon viſage un éclat tout divin : car la piété l'animoit ; il étoit rayonnant de joie. « Ecoute, » lui dit-il ; ton Dieu ne ſe fait-il jamais » voir aux hommes ? – Ils l'ont vu, ré- » pondit Las-Caſas ; il a même daigné » habiter parmi eux. – Sous quels traits ? » – Sous les traits d'un homme. – Acheve. » N'es-tu pas toi-même ce Dieu, qui

» vient nous consoler ? – Moi ! – Si tu » l'es, cesse de nous cacher ce que tant » de vertu annonce. Parle. Nous allons » t'adorer ».

Barthelemi se confondit dans une humilité profonde, & rejeta loin cette erreur. Mais avant d'exposer des vérités sublimes à l'incrédulité de ces foibles esprits, il voulut savoir quel étoit leur culte. « Hélas ! dit le Cacique, nous ado- » rions le tigre, comme le plus terrible » de tous les animaux. Mais que ton » Dieu n'en soit point jaloux. C'étoit le » culte de la crainte, & non pas celui » de l'amour. – Allons, allons, dit » Las-Casas, renverser cette horrible » idole ». Et les Indiens, animés du zele qu'il leur inspiroit, couroient au temple sur ses pas.

*

NOTE.

(*a*) S*ANS rallentir ſa courſe*]. On lit dans l'hiſtoire générale des voyages, que dans la Province de Vénézuéla les tigres ſont ſi terribles, qu'il n'eſt pas rare de les voir entrer dans les caſes des Indiens, ſaiſir un homme, & l'emporter dans leur gueule auſſi facilement qu'un chat emporte une ſouris.

CHAPITRE XIV.

D'UNE grotte profonde, voisine de ce temple, Barthelemi crut entendre sortir des gémissemens. « Qu'est-ce, demanda-» t-il? – Passons, dit le Cacique. Epargne » à tes amis la honte de te montrer des » malheureux ». Sans vouloir insister, Barthelemi s'avance jusqu'à ce temple abominable, où l'on voyoit le Dieu tigre sur un autel rougi de sang. « Quel est » le sang, demanda-t-il encore, qu'on a » versé sur cet autel? – Celui des ani-» maux, répondit le Cacique, & quel-» quefois..... – Acheve. – Celui des » Espagnols. – Des Espagnols! – Lors-» qu'ils pénetrent jusqu'au bord de ces » forêts, il faut bien les tuer, ou les prendre » vivans. Et que faire de ces captifs, à » moins que de les immoler? S'il s'en » échappoit un seul, notre asyle seroit » connu, & notre perte inévitable. Tu

M. Moreau le Jeune inv. J.B. Simonet Sculp.

Que fais tu ? ne sommes-nous pas Fréres : n'es-tu pas mon égal

» viens d'entendre les plaintes d'un mal-
» heureux jeune homme, qui nous fait
» compaſſion. Je ne puis me réſoudre à
» le faire mourir. Cependant il faut bien
» qu'il meure ; car, s'il nous échappoit,
» il iroit nous trahir ».

Las-Caſas demande à le voir ; & après avoir fait briſer l'autel & l'idole du tigre, il retourne vers la priſon où le jeune homme eſt enfermé.

Le captif, en voyant entrer ce Religieux vénérable, ne douta point que ce ne fût encore un nouveau martyr de la Foi, qu'on alloit immoler. « O mon
» pere, venez, dit-il, m'encourager par
» votre exemple ; venez apprendre à un
» jeune homme à ſe détacher de la vie,
» à mourir courageuſement ».

Mais dès qu'il s'apperçut que le Solitaire étoit libre, qu'il commandoit aux Indiens de s'éloigner, & que ceux-ci lui obéiſſoient : « Ah ! reprit-il, que vois-je ?
» & quel eſt cet empire que vous exer-
» cez parmi eux ? Êtes-vous un ange du

» viens d'entendre les plaintes d'un mal-
» heureux jeune homme, qui nous fait
» compaſſion. Je ne puis me réſoudre à
» le faire mourir. Cependant il faut bien
» qu'il meure; car, s'il nous échappoit,
» il iroit nous trahir ».

Las-Caſas demande à le voir; & après avoir fait briſer l'autel & l'idole du tigre, il retourne vers la priſon où le jeune homme eſt enfermé.

Le captif, en voyant entrer ce Religieux vénérable, ne douta point que ce ne fût encore un nouveau martyr de la Foi, qu'on alloit immoler. « O mon
» pere, venez, dit-il, m'encourager par
» votre exemple; venez apprendre à un
» jeune homme à ſe détacher de la vie,
» à mourir courageuſement ».

Mais dès qu'il s'apperçut que le Solitaire étoit libre, qu'il commandoit aux Indiens de s'éloigner, & que ceux-ci lui obéiſſoient: « Ah! reprit-il, que vois-je?
» & quel eſt cet empire que vous exer-
» cez parmi eux? Êtes-vous un ange du

» ciel, defcendu pour ma délivrance ? » Parlez. Dites-moi qui vous êtes. Je fens » revenir l'efpérance dans ce cœur qu'elle » abandonnoit ».

« Je fuis Efpagnol comme vous, lui » dit le Solitaire ; mais, n'ayant jamais » trempé dans les crimes de ma patrie, » je fuis libre & chéri parmi les Indiens. » — Hélas ! & moi, lui dit Gonfalve, » (c'étoit le nom du jeune homme) » qu'ai-je fait, que je n'aie dû faire, & » dont j'aie pu me difpenfer ? Je fuis le » fils de Davila, du Gouverneur de » l'Ifthme : il m'avoit envoyé à la pour- » fuite des Sauvages. Mes compagnons » & moi, à travers les forêts, nous avons » pénétré dans ce vallon ; les Indiens » nous ont enveloppés, nous ont accablés » fous le nombre ; les plus heureux des » miens ont péri dans le combat ; le refte » a été pris, & fur l'autel du tigre je les » ai vus tous immolés. Moi feul ils m'épar- » gnent encore ; foit que ma jeuneffe ait » touché ces inhumains, & que mes larmes

» leur inſpirent quelque pitié ; ſoit que » leur cruauté m'ait voulu réſerver pour » un nouveau ſacrifice ; ils me laiſſent » languir dans cet horrible abandon, & » dans l'attente de la mort, plus cruelle » que la mort même. Hélas ! pardonnez » à mon âge un excès de foibleſſe, dont » je rougis en l'avouant. La vie m'eſt » chere. Il m'eſt affreux de la quitter à » ſon aurore. Elle devoit avoir tant de » charmes pour moi ! Il m'eût été ſi doux » de revoir ma patrie ! Et quand je penſe » que ces beaux jours, ces jours déli» cieux que j'y devois paſſer, ſont éva» nouis pour jamais, je tombe dans le » déſeſpoir. Si du moins j'étois mort au » milieu des combats, & par les mains » d'un ennemi digne d'honorer mon cou» rage ! Mais ici, mais ſur les autels d'un » Peuple ſtupide & féroce, me ſentir » tout vivant déchirer les entrailles, & » voir, aux pieds du tigre, allumer mon » bûcher ! Cette deſtinée eſt affreuſe. Ah ! » s'il ſe peut, délivrez-moi de ces mains

» inhumaines; rendez-moi à mon pere. Il » n'a que moi. Je ſuis ſon unique eſpé- » rance; ces barbares l'en ont privé ».

« Mon ami, lui dit Las-Caſas, que » vous êtes loin encore d'être changé par » le malheur! Vous, fils de Davila, vous » appellez barbares ces Peuples, dont » lui-même il fait, depuis dix ans, le » maſſacre le plus horrible! Hélas! com- » bien de peres, privés par ſes fureurs de » leur ſeule & douce eſpérance, ſe ſont » vus égorgés eux-mêmes, en implorant » à ſes genoux la grace de leurs enfans! Il » a verſé plus de flots de ſang, que vous » n'en avez de gouttes dans les veines; » & le Peuple enfermé dans ces forêts » profondes, n'eſt que le malheureux » débris de ceux qu'il a exterminés. Vous » voyez qu'il pourſuit encore ce qui lui » en eſt échappé. Ils ſont perdus, s'il les » découvre; & lui rendre ſon fils, vous » l'avouerez vous-même, ce ſeroit riſquer » qu'un ſecret, d'où leur ſalut dépend, » ne lui fût révélé. – Ah! gardez-vous,

» lui dit Gonſalve, de leur apprendre qui
» je ſuis. – Moi ! dit Las-Caſas, les
» tromper ! leur cacher le péril de votre
» délivrance ! Non ; ce ſeroit leur tendre
» un piege. Si je parle pour vous, je dirai
» qui vous êtes ; on ſaura ce que je de-
» mande, ce qu'on riſque à me l'accorder.
» Ou mon ſilence, ou ma franchiſe ; c'eſt
» à vous de choiſir. – Choiſir ! De tous
» côtés je ne vois que la mort. Je m'aban-
» donne à vous. – Reprenez donc cou-
» rage. Mais tirez de l'état où vous êtes
» réduit, cette utile & grande leçon, que
» le droit de la force eſt un droit odieux ;
» que ſi les Indiens l'exerçoient à leur
» tour, & ſe permettoient la vengeance,
» il n'eſt point de ſupplice auquel ne dût
» s'attendre le fils du cruel Davila ; que
» l'état naturel de l'homme eſt la foibleſſe ;
» qu'à votre place, il n'en eſt point qui
» ne fût timide & tremblant ; que l'or-
» gueil, dans un être ſi voiſin du malheur,
» eſt le comble de la démence ; & qu'ex-
» poſé lui-même chaque jour à devenir

» un objet de pitié, il eſt auſſi inſenſé » que méchant, lorſqu'il oſe être impi» toyable ».

Las-Caſas, de retour auprès de Capana : « Cacique, lui dit-il, n'es-tu pas » ſoulagé, comme d'un joug triſte & » pénible, de ne plus adorer un être mal» faiſant, & de ſervir un Dieu clément » & juſte ? – Il eſt vrai, lui dit le Ca» cique, que nos cœurs, flétris par la » crainte, ſemblent ranimés par l'amour. » – Oui, mon ami, l'homme eſt fait » pour aimer. La haine, la vengeance, » toutes les paſſions cruelles ſont pour lui » un état de gêne, d'angoiſſe & d'aviliſ» ſement. Il ſe ſent élever, il ſent qu'il ſe » rapproche de l'être excellent qui l'a » fait, à meſure qu'il eſt plus doux, plus » magnanime. Etouffer ſon reſſentiment, » & triompher de ſa colere; oppoſer les » bienfaits à l'injure qu'on a reçue, en » accabler ſon ennemi; c'eſt un plaiſir » vraiment divin. – Je le conçois, dit le » Cacique. – Non, tu ne peux le concevoir

» avant de l'avoir éprouvé. Mais il ne » tient qu'à toi de jouir pleinement de ce » plaisir pur & céleste. Fais venir ce jeune » captif, qui tremble & gémit dans tes » chaînes, & dis-lui, en le délivrant : » Fils du désolateur de l'isthme, fils du » meurtrier de nos peres, de nos femmes, » de nos enfans, fils de Davila, je par- » donne à ton âge & à ta foiblesse. Vis, » apprends d'un Sauvage à imiter ton » Dieu. – Le fils de Davila ! s'écria le » Cacique ; quoi ! c'est lui que je tiens » captif » ! A ces mots, ses yeux irrités s'enflammerent comme la foudre. « Oui, » c'est le fils de Davila, reprit le Solitaire » avec un air tranquille, c'est lui que tu » peux déchirer, dévorer même si tu veux. » Mais écoute-moi. A peine ta vengeance » sera-t-elle assouvie, tu seras triste, & » tu diras : Le voilà égorgé ; & son sang » répandu ne rend la vie à aucun des » miens : ma fureur est donc inutile : j'ai » fait périr le foible, peut-être l'innocent ; » & je suis coupable sans fruit..... Sa

» vie eſt dans tes mains ; choiſis de renon-
» cer à mon Dieu ou à ta vengeance ; &
» reprends le culte du tigre, ſi tu veux
» t'abreuver de ſang ».

« J'adore le Dieu de Las-Caſas, dit le
» Cacique. Mais toi-même, crois-tu qu'il
» me commande de laiſſer impunis tous
» les maux qu'un barbare nous fait depuis
» dix ans ? – Oui, la loi de mon Dieu
» te preſcrit le pardon & l'amour de tes
» ennemis. – L'amour ! – Ne ſont-ils pas
» ſes enfans comme toi ? Ne les aime-t-il
» pas lui-même ? Et peux-tu adorer le
» pere, ſans aimer les enfans ? Plains-les
» d'être coupables, & ſouhaite qu'ils
» ceſſent d'être méchans ; mais ne ſois
» pas méchant comme eux, & mérite par
» ta clémence que ton Dieu en uſe envers
» toi ».

« Tu me confonds ; mais tu me touches,
» dit le Cacique. Allons, qu'exiges-tu de
» moi ? Qu'au fils du cruel Davila je par-
» donne comme à mon frere ? J'y con-
» ſens. Qu'on l'amene ici. Je briſerai ſa
» chaîne,

» chaîne, & je l'embrasserai. Mais qu'en » ferai-je, après lui avoir permis de vivre? » S'il s'échappe, il divulguera le secret » de notre asyle; & tu auras perdu tes » amis. — J'ai cette crainte comme toi, » lui répondit le Solitaire; & je ne veux, » quant à présent, qu'adoucir sa capti- » vité ».

Gonsalve attendoit avec impatience le retour de Las-Casas. « Hé bien, lui dit-il » en tremblant, qu'avez-vous obtenu? » — Qu'on vous laisse la vie. — Ah! mon » pere! Et la liberté, l'ai-je perdue pour » jamais? — Je vous ai dit que le salut » de ces malheureux Indiens tient au » secret de leur asyle. — Je le sais; mais » répondez-leur qu'il ne sera jamais trahi » par moi. — Comment répondrois-je de » vous, dit le Solitaire? A votre âge on » ne répond pas de soi-même. C'est à » vous de gagner l'estime du Cacique, » & d'obtenir, avec le temps, qu'il » daigne se fier à vous. — Et lui avez- » vous dit qui je suis, demanda Gonsalve?

» — Oui sans doute. — Je suis perdu. — Non, » vous ne l'êtes pas. Je vais vous mener » devant lui ».

« Jeune homme, lui dit le Cacique » en le voyant, adores-tu le Dieu qu'a- » dore Las-Casas ? — Oui, répond Da- » vila. — Crois-tu que nous soyons enfans » de ce Dieu, comme toi ? — Je le crois. » — Nous sommes donc freres ? Pour- » quoi venir tremper tes mains dans » notre sang ? — J'obéissois. — A qui ? » — Vous le savez assez. — Oui, je sais » que tu es né du plus méchant des » hommes, & du plus cruel envers nous. » Mais Las-Casas me dit que son Dieu » & le mien m'ordonne de te pardon- » ner. Je te pardonne. Viens, embrasse » ton ami ». Le jeune homme, à ces mots, tombe aux pieds du Cacique. « Que fais-tu, lui dit le Sauvage ? » Ne sommes-nous pas freres ? N'es-tu » pas mon égal » ? il dit ; & lui tendant la main, il le délivra de ses chaînes. Barthelemi, témoin de ce spectacle, avoit le cœur saisi de joie & d'attendrissement. « Davila, dit-il au jeune » homme, voilà, voilà de vrais Chré» tiens » !

CHAPITRE XV.

GONSALVE fut, dès ce moment, parmi les Indiens, comme dans sa patrie, & comme au sein de sa famille. On le gardoit, mais sans contrainte ; & la seule liberté qu'il n'eût pas, étoit celle de s'échapper. Las-Casas le voyoit sans cesse. Il eût voulu lui faire aimer la vie heureuse & simple de ce Peuple Sauvage ; mais le jeune homme ne l'écoutoit qu'en poussant de profonds soupirs. « Me voilà, » disoit-il, instruit par le malheur, par » vos leçons, par leur exemple ; qu'ils » daignent se fier à moi, & me mettre » en état de détromper mon pere, de » le fléchir, de lui apprendre à les con- » noître, à les aimer. Ils m'ont déja laissé » la vie ; je leur devrai la liberté. Ces » bienfaits toucheront un pere. Il cédera » aux larmes de son fils ».

A cet âge on ne sait pas feindre avec

tant d'art & de noirceur ; & Las-Casas ne doutoit pas que Gonsalve ne fût sincere ; mais il le connoissoit trop foible, pour oser compter sur sa foi. « Vous êtes » sans doute à présent bien déterminé, » lui dit-il, à ne pas trahir ce bon Peuple ; » mais je prévois tout l'ascendant d'un » pere ; & je ne répondrai jamais qu'il » ne vienne à bout de surprendre ou d'arracher votre secret. Ce que je vous dis » là, je l'ai dit de même au Cacique. » C'est lui que le péril regarde, c'est à lui » de se consulter.

» Je laisse, dit-il à Capana, ton captif » dans l'affliction. Il soupire ardemment » pour la liberté. Je t'ai fait voir tout le » danger de le renvoyer à son pere ; mais » je ne dois pas te dissimuler l'avantage » de ce bienfait. Il peut arriver que son » pere vous découvre ; & alors vous auriez » pour appui ce jeune homme, à qui ta » clémence auroit fait un devoir sacré de » ne t'abandonner jamais. L'amour pa» ternel a des droits sur les tyrans les plus

» farouches. C'eſt le dernier endroit ſen-
» ſible par où leur ame s'endurcit. Après
» cela, décide-toi ſur le parti que tu dois
» prendre : j'ignore comme toi quel ſeroit
» le plus ſage, & tu ſais auſſi bien que
» moi quel ſeroit le plus généreux.

» Pour moi, dépourvu des moyens de
» célébrer ici nos auguſtes myſteres, d'y
» établir le ſacerdoce, & d'y perpétuer
» le culte des autels, je vais vous cher-
» cher des Paſteurs, & peut-être vous
» aſſurer un repos plus tranquille. Adieu.
» Je demande au ciel, & j'eſpere de
» vous revoir, avant de deſcendre au
» tombeau ».

La déſolation du jeune Davila fut extrême, quand il apprit que Las-Caſas l'abandonnoit. Il alla ſe jeter aux pieds du Cacique. « Ah ! lui dit-il, pourquoi
» te défier d'un malheureux qui te doit
» tout ? La nature m'a fait un cœur ſen-
» ſible comme à toi ; mais eût-elle mis
» à la place le cœur du tigre que tu
» adorois, tes vertus l'auroient attendri.

» Tu m'as appellé ton ami ; tu m'as em- » brassé comme un frere ; va, je ne l'ou- » blierai jamais : je ne suis ingrat ni per- » fide. Il y va de ta vie & du salut de » tes amis, que ton asyle soit inconnu ; » il le sera par mon silence. J'en atteste » mon Dieu, ce Dieu qui est devenu le » tien ».

« Oui, je te crois sensible & bon, dit » le Cacique ; mais tu es foible ; & » l'homme foible est toujours à la veille » d'être méchant. Comment braverois-tu » l'autorité d'un pere ? tu n'as pas su bra- » ver la mort. — La mort m'a causé de » l'effroi, je l'avoue, dit le jeune homme » en se levant avec fierté ; mais si, pour » éviter la mort, tu m'avois proposé un » crime, tu aurois vu lequel des deux » m'auroit le plus épouvanté. Puisque je » n'ai pas ton estime, je ne te demande » plus rien. Je renonce à la liberté ; je » te dispense même de me laisser la vie ». A ces mots il se retira.

Le Cacique, qui le suivoit des yeux,

& qui le voyoit abattu de tristesse, sentit lui-même, comme un poids dont son cœur étoit oppressé, la dureté de son refus. Il fit appeller Las-Casas. « Emmene » avec toi ce jeune homme, lui dit-il : » sa douleur me pese & me fatigue : la » présence d'un malheureux est insuppor» table pour moi. — As-tu bien réfléchi, » lui dit le Solitaire ? — Oui, je sais qu'un » mot de sa bouche nous perd, mon » Peuple & moi, nous livre à nos tyrans ; » mais la pitié l'emporte sur la crainte : » je ne veux plus le voir souffrir ».

Si l'on a vu des enfans vertueux, aux funérailles de leur pere, d'un pere tendre & bien aimé, c'est l'image de la douleur des Indiens, au départ de Las-Casas. Le Cacique & son Peuple, le visage abattu, les yeux baissés & pleins de larmes, l'accompagnerent en silence jusqu'au bord de la forêt. Là, il fallut se séparer.

Témoin de leurs tristes adieux, Gonsalve renfermoit sa joie. Le Cacique, ôtant son colier, le jeta au col du jeune homme, l'embraſſa, & lui dit : « Sois » toujours notre ami ; & ſi jamais tu étois » preſſé par nos tyrans de leur découvrir » où nous ſommes, regarde ce colier, » ſouviens-toi de Las-Caſas, & demande » à ton cœur ſi tu dois nous trahir ».

Les deux Eſpagnols, ſur la foi de leurs guides, s'en allant à travers les bois, ſe retraçoient les mœurs & le naturel des Sauvages. Vint un moment où Las-Caſas, regardant le jeune Davila : « Vous voyez, lui » dit-il, ſi, comme on le prétend, ils ſont » indignes du nom d'hommes, & s'il eſt » mal-aiſé d'en faire des Chrétiens. » L'homme n'eſt indocile que pour ce » qui répugne au ſentiment de la bonté. » Il ne ſe refuſe jamais aux vérités qui » le conſolent, qui le ſoulagent dans ſes » peines, & qui lui font chérir ces deux » préſens du ciel, la vie & la ſociété. Que » ces vérités paſſent ſa foible intelligence, » pourvu qu'elles touchent ſon cœur, il » en ſera perſuadé : il croit tout ce qu'il » aime à croire. Toute la nature à ſes

» yeux eſt un myſtere aſſurément ; hé
» bien, voit-on qu'en jouiſſant de ſes bien-
» faits, il lui reproche l'obſcurité de ſes
» moyens ? Il en ſera de même de la Reli-
» gion : plus elle fera d'heureux, moins
» elle trouvera d'incrédules ».

« Mais, reprit Gonſalve, peut-on diſſi-
» muler ce qu'elle a d'affligeant, ce qu'elle
» a d'effrayant pour l'homme ? – Elle n'a
» rien que d'attrayant, d'encourageant
» pour la vertu, de conſolant pour l'inno-
» cence, lui répondit le Solitaire ; & je
» n'en veux pas davantage pour la faire
» adorer par-tout. De bonnes loix gênent
» le vice, épouvantent le crime, affligent
» les méchans ; & l'on aime de bonnes
» loix, parce qu'il dépend de chacun d'en
» recueillir les fruits, & d'être heureux
» par elles. On aimera de même une Re-
» ligion qui, comme ces loix ſalutaires,
» eſt favorable aux gens de bien, rigou-
» reuſe aux méchans, & indulgente aux
» foibles. Mais, en la profeſſant dans
» cette pureté, on ne peut opprimer

» perſonne ; on ne s'abreuve point de ſang ; » on eſt obligé d'être humain, juſte, pa- » tient, ſecourable, & ſur-tout déſinté- » reſſé ; de joindre l'exemple au précepte, » d'inſtruire par ſes bonnes œuvres, & » de prouver par ſes vertus. L'orgueil & » la cupidité ne peuvent ſe forcer à ces » ménagemens ; le droit du glaive eſt plus » commode ; & avec d'odieux prétextes, » dont les paſſions s'autoriſent, on ſe per- » met la violence, la rapine & le brigan- » dage juſqu'aux excès les plus crians »... Le Solitaire, à ces mots, s'apperçut que le fils de Davila baiſſoit les yeux, & que la rougeur de la honte ſe répandoit ſur ſon viſage. « Pardonne, lui dit-il, jeune » homme. Je t'afflige. C'eſt le ciel qui » te l'a donné, ce pere rigoureux. Tout » injuſte qu'il eſt, ne ceſſe jamais de » l'aimer, de le reſpecter, de le plaindre. » Seulement ne l'imite pas ».

On arrive à Crucès. Les Indiens s'éloignent ; Barthelemi & Gonſalve, au moment de ſe ſéparer, s'embraſſent

tendrement. « Adieu. Tu vas revoir ton
» pere, dit le Solitaire au jeune homme;
» ſouviens-toi du Cacique, daigne penſer
» à moi. Je n'entendrai point tes paroles;
» mais Dieu ſera préſent; & ton cœur lui
» a juré d'être fidele aux Indiens ».

Gonſalve retourne à Panama; & Las-Caſas deſcend le fleuve juſqu'à la côte orientale, où un navire le reçoit, & va le porter au rivage que baigne l'Ozama, en épanchant ſon onde dans le ſein du vaſte Océan.

CHAPITRE XVI.

Dom Pedre Davila pleuroit l'héritier de son nom, avec les larmes de l'orgueil, de la rage & du désespoir. En le voyant, il se livra à tous les transports de la joie. « Le ciel, lui dit-il, ô mon fils, le ciel te » rend aux vœux d'un pere. Mais tous ces » braves Castillans qui t'accompagnoient, » que sont-ils devenus? – Ils sont morts, » répondit Gonsalve. Les Indiens poursui- » vis, nous ont enfin résisté; & nous avons » succombé sous le nombre. Ils me tenoient » captif; ils ont su qui j'étois; & leur » Chef m'a laissé la vie, & m'a rendu la » liberté. O mon pere! si vous m'aimez, » qu'un procédé si généreux vous touche » & vous désarme »..... Le tyran ne l'écoutoit pas. Interdit, indigné de voir qu'après le vaste & long carnage qu'il avoit fait des Indiens, ils se défendissent encore, il ne cherchoit que le moyen d'achever leur ruine, ſans être ſenſible au bienfait qui ſeul auroit dû le toucher. « Oui, dit-il, je reconnoîtrai ce qu'ont » fait pour toi les Sauvages. Dis-moi où » tu les a laiſſés, & où s'eſt paſſé le » combat ».

« Il feroit mal-aiſé de retrouver mes » traces dans ces déſerts, lui répondit » Gonſalve; & je me ſuis laiſſé conduire, » ſans ſavoir moi-même où j'allois, d'où » je venois ».....

« J'entends, reprit le père, en obſer- » vant ſon trouble: ils t'ont fait promettre » ſans doute de ne pas m'indiquer leur » marche & leur retraite, & tu te crois » lié par tes ſermens »?

« Si j'avois promis, je tiendrois parole, » dit le jeune homme; & je leur dois aſſez » pour ne pas les trahir ».

« Des nœuds plus ſacrés vous engagent » à votre Dieu, à votre Roi, à votre » patrie, à moi-même, inſiſta le tyran. » Vous avez vu tomber ſous les coups » des Sauvages la moitié des miens;

» voulez-vous qu'ils en exterminent le » reste ? En vous laissant la vie, ont-ils » brisé leurs arcs ? ont-ils promis de ne » plus tremper leurs traits dans ce venin » mortel qu'ils ont inventé, les perfides ? » Obéissez à votre pere ; & demain soyez » prêt à nous servir de guide ; car je veux » marcher sur leurs pas ».

Gonsalve, réduit au choix, ou de trahir les Sauvages, ou de tromper son pere, ou de refuser d'obéir, prit le parti de la franchise, & déclara que de sa vie il ne contribueroit au mal qu'on feroit à ses bienfaicteurs. Davila devint furieux ; mais son fils, avec modestie, soutint sa résolution ; & le reproche & la menace n'ayant pu l'ébranler, on eut recours à l'artifice.

Fernand de Luques fut choisi pour ce ministere odieux. Il alla trouver le jeune homme. « Davila, lui dit-il d'un ton » affectueux & d'un air pénétré, vous » ferez mourir votre pere. Il vous aime ; » j'ai vu couler pour vous ses larmes

» paternelles ; & vous ne lui êtes rendu
» que pour l'accabler de douleur. – Ah !
» répondit le jeune homme, qu'il me
» demande ma vie, & non pas une tra-
» hiſon. – Si c'étoit une trahiſon, ſeroit-ce
» moi, dit le perfide, qui vous preſſeroit
» d'obéir ? Le ſort des Indiens me touche
» autant que vous. Mais, en irritant votre
» pere, vous les perdez ; & c'eſt ſur eux
» que ſa colere tombera. Il eſt mortelle-
» ment bleſſé de votre réſiſtance. Mon
» fils me mépriſe & me hait, dit-il : plus
» attaché à ce Peuple barbare, qu'à ſon
» Prince, qu'à moi & qu'à ſon Dieu
» lui-même, il ne connoît plus qu'un de-
» voir, celui de la rébellion : il n'oſe ſe
» fier à ma reconnoiſſance ; & il me croit
» moins généreux qu'un miſérable Indien.
» Non, Davila, ce n'étoit pas ainſi qu'il
» falloit ſervir les Sauvages. Touché de
» leur humanité, & plus ſenſible encore
» à votre confiance, je ſais que votre
» pere ſe fût laiſſé fléchir. Mais ſi, par
» eux, il a perdu l'eſtime & l'amour de
» ſon

» ſon fils, peut-il leur pardonner ja-
» mais » ?

« Non, il n'a rien perdu de ſes droits
» ſur mon cœur, reprit Gonſalve : mon
» reſpect, mon amour pour lui ſont les
» mêmes. Qu'il daigne ne me deman-
» der rien que d'innocent & de juſte,
» il eſt bien sûr d'être obéi. Mais que
» veut-il de moi ? & pourquoi s'obſtiner
» à me rendre ingrat & perfide ? S'il veut
» pourſuivre encore ce Peuple malheu-
» reux, ce n'eſt pas à moi d'éclairer ſes
» recherches impitoyables ; & s'il conſent
» à l'épargner, il n'a pas beſoin de ſavoir
» en quels lieux il reſpire en paix. Pour
» prix du ſalut de ſon fils, les Sauvages
» ne lui demandent que de vivre éloignés
» de lui, & inconnus, s'il eſt poſſible.
» L'oubli ſera pour eux le plus grand de
» tous les bienfaits ».

« Vous ne penſez donc pas, lui dit
» Fernand, que répandus dans les forêts,
» on ne peut les inſtruire ; qu'ils vivent
» ſans culte & ſans loix ? — Ils ſont

» Chrétiens, dit le jeune homme. Qu'on
» leur laisse adorer, dans leur simplicité,
» un Dieu qu'ils servent mieux que nous.
» – Ils sont Chrétiens! Ah! s'il est vrai,
» reprit le fourbe, doutez-vous qu'on n'use
» envers eux d'indulgence & de ména-
» gement? Reposez-vous sur moi du soin
» du salut de nos freres. Je les protégerai;
» je les porterai dans mon sein. – Hé
» bien, protégez-les, en obtenant qu'on
» les oublie. Ils ne demandent rien de
» plus ».

« Ah! Gonsalve, vous voulez donc
» être chargé d'un parricide! Ils sortiront
» de leurs forêts, ils nous dresseront des
» embûches; votre pere, que sa valeur
» expose, y tombera: ce sera vous qui
» l'aurez livré en leurs mains. La fleche
» empoisonnée qui percera son cœur, ce
» sera vous qui l'aurez lancée ».

A ces mots, Gonsalve frémit. Mais, se rappellant Las-Casas: « M'auroit-il
» conseillé un crime, dit-il en lui-même?
» Ah! Je sens que la nature est d'accord

» avec lui. Ceſſez de me tenter, reprit-il, » en parlant au fourbe. La voix intime de » mon cœur s'éleve contre vos reproches, » & me parle plus haut que vous ».

Fernand, interdit & confus de l'inutilité de ſon odieuſe entremiſe, dit à Davila que ſon fils étoit tombé dans l'endurciſſement; qu'il falloit qu'on l'eût perverti; & que tant d'obſtination étoit au-deſſus de ſon âge.

Dès ce moment Gonſalve, odieux à ſon pere, pleuroit nuit & jour ſon malheur.

« Va-t-en, fils indigne de moi, lui dit » ce pere inexorable, après une nouvelle » épreuve; va-t-en. Fuis loin de moi. Je » ne veux plus ſouffrir tes outrages, ni ta » préſence. Malheur à ceux qui de mon » fils, d'un fils obéiſſant, reſpectueux, » fidele, ont fait un rebelle obſtiné ».

« Ah! mon pere, dit le jeune homme, » en tombant à ſes pieds, tout baigné de » ſes larmes, eſt-il poſſible que le refus » d'être ingrat, perfide & parjure, m'attire

» un si dur traitement? Qu'exigez-vous » de moi? Quelle haine obstinée portez-» vous à ces malheureux? Ah! si vous » aviez vu leur Roi, briser ma chaîne, » m'embrasser, m'appeller son ami, son » frere, me demander avec douceur quel » mal ils nous ont fait, & pourquoi l'on » oublie qu'ils sont des hommes comme » nous; vous-même, oui vous-même, » mon pere, vous me feriez un crime de » l'infidélité dont vous me faites une loi. » Il m'est affreux de vous déplaire; mais » il me seroit, je l'avoue, plus affreux » de vous obéir. Ne me réduisez point à » ces extrêmités. Ayez pitié d'un fils que » votre haine accable, & qui même, en » vous irritant, se croit digne de votre » amour. — Non, je n'ai plus de fils, & » tu n'as plus de pere. Délivre-moi d'un » traître que je ne puis souffrir ».

Gonsalve, abattu, consterné, sortit du palais de son pere, & lui fit demander quel lieu il lui marquoit pour son exil. « Les forêts, les cavernes, qui recellent

» ſans doute les lâches qu'il m'a préférés, » répondit le pere inflexible ».

Le jeune homme reprit le chemin de Crucès; & en s'en allant, à travers le vaſte ſilence des bois, il pleuroit; mais il ſe diſoit à lui-même : « Je déſobéis à » mon pere, je l'afflige & l'irrite au point » qu'il m'éloigne à jamais de lui, & je ne » ſens dans ma douleur aucune atteinte » de remords; au lieu qu'en lui obéiſſant, » & en pourſuivant les Sauvages, mon » cœur en étoit dévoré. Il eſt donc des » devoirs plus ſaints que la ſoumiſſion » aux volontés d'un pere? Notre pre- » miere qualité, ſans doute, eſt celle » d'homme : notre premier devoir eſt » d'être humain ».

L'abandon où il étoit réduit, la douleur où il étoit plongé, l'imprudence & la bonne foi de ſon âge ne lui permirent pas de voir le piége qu'on lui avoit tendu. Les Sauvages, qui dans ce lieu même l'avoient vu avec Las-Caſas, ne ſe défioient pas de lui : il leur avoua ſon malheur, ſans en diſſimuler la cauſe. « Eh » bien, lui dirent-ils, pourquoi, ſi tu ne » veux que vivre en paix & ſans reproche, » ne pas retourner au vallon? Une ca- » bane, une douce compagne, notre » amitié, ton innocence ſeront tes biens. » Suis-nous : le Cacique aura ſoin de te » faire oublier l'injuſtice d'un mauvais » pere ». Il ſuivit ce conſeil funeſte. Mais lorſqu'il eut percé l'obſcurité des bois, & qu'en revoyant le vallon, ſon cœur ſoulagé commençoit à ſentir renaître la joie, quels furent ſon étonnement & ſa douleur, de ſe voir tout-à-coup entouré d'Eſpagnols qui lui ordonnoient, au nom du Vice-Roi ſon pere, de retourner avec eux à Crucès. A la vue des Eſpagnols, deux Indiens, qu'il avoit pris pour guides, ſe ſauverent dans le vallon, & y répandirent l'allarme. Dès ce moment plus de sûreté pour le Cacique & pour ſon peuple : leur aſyle étoit découvert.

Le malheureux jeune homme, remmené à Crucès, prenoit la terre & le ciel à témoins de ſon innocence. Il apprit qu'un navire alloit faire voile pour l'Iſle Eſpagnole. Il fit demander à ſon pere qu'il lui fût permis d'y paſſer, pour lui épargner, diſoit-il, le ſpectacle de ſa douleur. Le pere y conſentit, ſoit pour ſe délivrer d'un témoin dont la vue l'accuſeroit ſans ceſſe, ſoit pour lui laiſſer exhaler dans cet exil volontaire l'amertume de ſes regrets. « Ah! dit Gonſalve » en quittant ce rivage, je ne reverrai » plus mon pere. Il m'a ſurpris; il m'a » rendu parjure & traître aux yeux de » mes amis. Non! je ne le reverrai plus ».

Il arrive à l'Iſle Eſpagnole; il demande où eſt Las-Caſas; il va ſe jetter dans ſon ſein, & lui dit ſon malheur, qu'il appelle ſon crime, avec tous les regrets d'un cœur coupable & conſterné.

« Mon ami, lui dit Las-Caſas après » l'avoir entendu, vous avez fait une » imprudence: mais votre cœur eſt inno- » cent. Ce doit être un ſupplice affreux » pour un fils honnête & ſenſible, de

» voir les maux que fait son pere. Vous » n'en serez plus le témoin. Désormais » rendu à vous-même, c'est en Espagne » qu'il faut aller vous offrir à votre patrie, » &, si elle a besoin de votre sang, le verser » pour elle sans crime contre de justes » ennemis. Sollicitez votre départ; & at» tendez ici que le roi y consente ».

Gonsalve, après avoir épanché sa douleur au sein du pieux solitaire, sentit son courage renaître, & il resta auprès de son ami, en attendant que le Monarque lui eut permis de quitter ces bords.

CHAPITRE XVII.

CEPENDANT Pizarre avoit mis à la voile ; & déja loin du rivage de l'Isthme, il s'avançoit vers l'équateur. A travers les écueils d'une mer inconnue encore, sa course étoit pénible & lente ; la disette le menaçoit ; & il fallut bientôt risquer l'abord de ces côtes sauvages (*a*) ; mais il trouva par-tout des hommes aguerris. Dès qu'un village est attaqué, ses voisins accourent en foule, & se présentent au combat. Le feu des armes les disperse ; mais leur courage les rassemble. On en fait tous les jours un nouveau carnage ; & tous les jours ces malheureux, dans l'espérance de venger leurs amis, reviennent périr avec eux. Le fer des Espagnols s'émousse ; leurs bras se lassent d'égorger.

Un vieux Cacique, autrefois renommé par sa valeur & sa prudence, mais alors accablé par les travaux & les années, étoit couché au fond d'un antre, & n'attendoit plus que la mort. Les cris de rage, de douleur & d'effroi retentirent jusqu'à lui. Il vit revenir ses deux fils, couverts de sang & de poussiere, & qui, s'arrachant les cheveux, lui dirent : « C'en est fait, » mon pere, c'en est fait ; nous sommes » perdus. – He quoi ! dit le vieillard, en » soulevant sa tête, sont-ils en si grand » nombre, ou sont-ils immortels ? Est-ce » la race de ces géans (*b*) qui, du temps » de nos peres, étoient descendus sur ces » bords ? – Non, lui répond l'un de ses » fils ; ils sont en petit nombre & sem» blables à nous, à la réserve d'un poil » épais, qui leur couvre à demi la face ; » mais sans doute ce sont des Dieux : car » les éclairs les environnent, le tonnerre » part de leurs mains : nos amis, écrasés, » nous ont couverts de leur sang : en voilà » les marques fumantes ».

« Je veux demain les voir de près : » portez-moi, dit le vieux Cacique, sur

» cette roche escarpée, d'où j'observerai » le combat ».

Les Indiens, dès le point du jour, se rassemblerent dans la plaine. Les Castillans les attendoient. Pizarre en parcouroit les rangs avec un air grave & tranquille; sous lui commandoit Aléon, plus superbe & plus menaçant; Molina étoit à la tête des jeunes Espagnols qu'il avoit amenés. Ses yeux étoient baissés, son visage étoit abattu, non de crainte, mais de pitié: on croyoit entendre l'humanité gémir au fond du cœur de ce jeune homme.

Un cri formé de mille cris fut le signal des Indiens; & à l'instant une nuée de fleches obscurcit l'air sur la tête des Castillans. Mais de ces fleches égarées, presque aucune, en tombant, ne porta son atteinte. Pizarre se laisse approcher, & fait sur eux un feu terrible, dont tous les coups sont meurtriers: ceux du canon font des vuides affreux dans la masse profonde des bataillons sauvages. Trois fois elle en est ébranlée; mais la présence du vieux Cacique ſoutient le courage des ſiens. Ils s'affermiſſent, ils s'avancent, & ſe déployant ſur les aîles, ils vont envelopper le petit nombre des Caſtillans. Pizarre fond ſur eux avec ſon eſcadron rapide ; & ces flots épais d'Indiens ſont entr'ouverts & diſſipés. Leur fuite ne préſente plus que le pitoyable ſpectacle d'un maſſacre d'hommes épars, qui, déſarmés & ſupplians, tendent la gorge au coup mortel. Les bois & les montagnes ſervirent de refuge à tout ce qui put s'échapper.

Le vieillard, du haut du rocher, contemple ce déſaſtre d'un œil penſif & morne. Il a vu le plus jeune de ſes fils briſé comme un roſeau par la foudre des Caſtillans. Son cœur paternel en a été meurtri ; mais l'impreſſion de ce malheur domeſtique eſt effacée par le ſentiment plus profond de la calamité publique. Il fait raſſembler autour de lui ſes Indiens, & il leur dit : « Enfans du tigre & du » lion, il faut avouer que ces brigands

» nous ſurpaſſent dans l'art de nuire. Ce » feu meurtrier, ces tonnerres, ces ani» maux rapides qui combattent ſous » l'homme, tout cela eſt prodigieux. » Mais revenez de l'étonnement que vous » cauſent ces nouveautés. L'avantage du » lieu & du nombre eſt à vous; profitez» en. Qui vous preſſe d'aller vous jeter » en foule au-devant de vos ennemis? » Pourquoi leur diſputer la plaine? Eſt» elle couverte de moiſſons? Ne voyez» vous pas la famine, avec ſes dents » aiguës & ſes ongles tranchans, qui ſe » traîne vers eux? Elle va les ſaiſir, » ſucer tout le ſang de leurs veines, & » les laiſſer étendus ſur le ſable, exténués » & défaillans. Tenez-vous en défenſe, » mais dans l'étroit vallon qui ſerpente » entre ces collines. Là, s'ils viennent » vous attaquer, nous verrons quel uſage » ils feront de ces foudres, & de ces ani» maux qui combattent pour eux ».

Le ſage conſeil du vieillard fut exécuté la nuit même; & quand le jour vint éclairer ces bords, les Espagnols, épouvantés du silence & de la solitude qui régnoient au loin dans la plaine, n'y trouverent plus d'ennemis, que la faim, le plus cruel de tous.

Pizarre à peine eut découvert la trace des Indiens, il résolut de les poursuivre. Les Indiens s'y attendoient. Dans tous les détours du vallon, le vieillard les avoit postés par intervalle, & en petit nombre. « Vous êtes assurés, dit-il, d'échapper à » vos ennemis; & les fatiguer, c'est les » vaincre. Protégés contre leurs tonnerres » par les angles de ces collines, vous les » attendrez au détour. Là, je vous de- » mande, non pas de tenir ferme devant » eux, mais de lancer de près votre pre- » miere fleche, & de fuir jusqu'au poste » qui vous succede & qui les attend au » détour. Je me tiendrai au dernier défilé; » & vous vous rallierez à moi ». Tel fut l'ordre qu'il établit.

Dès que la tête des Castillans se montre au premier détroit du vallon, il part une volée de fleches ; & l'arc à peine eſt détendu, les Indiens ſont diſſipés. On les pourſuit ; & on rencontre une nouvelle troupe, qui ſe diſſipe encore, après avoir lancé ſes traits.

Pizarre, frémiſſant de voir que l'ennemi & la victoire lui échappent à chaque inſtant, part avec la rapidité de l'éclair, & commande à ſon eſcadron de le ſuivre. Le vieillard avoit tout prévu. Les Indiens, dès qu'ils entendent la terre retentir ſous les pas des chevaux, gagnent les deux bords du vallon ; & l'eſcadron, après une courſe inutile, eſt aſſailli de traits lancés comme par d'inviſibles mains.

Les Caſtillans s'irritent de voir couler leur ſang, moins furieux encore de leurs bleſſures que de celles de leurs courſiers. Celui de Pizarre, à travers ſa criniere épaiſſe & flottante, a ſenti le coup pénétrer. Impatient du trait qui lui eſt reſté dans la plaie, il agite ſes crins ſanglans ; il ſe dreſſe, il écume, il bondit de douleur. Pizarre, en arrachant le trait, eſt renversé sur la poussiere. Mais, d'un cri menaçant, dont les forêts retentissent, il étonne & rend immobile le coursier tremblant à sa voix. En se relevant, il commande à la moitié des siens de mettre pied à terre, de gravir, l'épée à la main, sur la pente des deux collines, & d'en chasser les Indiens. On lui obéit, on les attaque; & soudain ils sont dispersés.

On les poursuivoit; & Pizarre recommandoit sur-tout qu'on en prît un vivant, pour savoir de lui en quel lieu on trouveroit des subsistances; car ces Peuples avoient caché leurs moissons, leur unique bien.

Ceux des jeunes Sauvages qui portoient le vieillard, après une assez longue course, hors d'haleine, accablés par ce pesant fardeau, virent bientôt qu'ils alloient être pris. Le vieillard leur dit: « Laissez-moi. Sans me sauver, vous vous » perdriez vous-mêmes. Laissez-moi. Je » n'ai plus que quelques jours à vivre. Ce » n'est pas la peine de priver vos enfans » de leurs peres, & vos femmes de leurs

» époux.

» époux. Si mon fils demande pourquoi » vous m'avez abandonné, répondez-lui » que je l'ai voulu ».

« Tu as raison, lui dirent-ils. Tu fus » toujours le plus sage des hommes ». A ces mots, l'ayant déposé au pied d'un arbre, ils l'embrasserent en pleurant, & se sauverent dans les bois.

Les Espagnols arrivent; le vieillard les regarde sans étonnement ni frayeur. Ils lui demandent où est la retraite des Indiens? Il montre les bois. Ils lui demandent où est le toit qu'il habite? Il montre le ciel. Ils lui proposent de le porter dans sa demeure; & d'un coup-d'œil fier & moqueur, il fait signe que c'est la terre.

Pour l'obliger à rompre ce silence obstiné, d'abord ils employerent les caresses perfides; il n'en fut point ému. Ils eurent recours aux menaces; il n'en fut point épouvanté. Leur impatience à la fin se change en fureur. Ils dressent aux yeux du vieillard tout l'appareil de son supplice. Il y jette un œil de mépris.

« Les insensés, disoit-il avec un sourire » amer & dédaigneux, ils pensent rendre » la mort effrayante pour la vieillesse ! » Ils prétendent imaginer un plus grand » mal que de vieillir » ! Les Castillans, outrés de ses insultes, l'attacherent à un poteau, & allumerent à l'entour un feu lent, pour le consumer.

Le vieillard, dès qu'il sent les atteintes du feu, s'arme d'un courage invincible : son visage, où se peint la fierté d'une ame libre, devient auguste & radieux ; & il commence son chant de mort.

« Quand je vins au monde, dit-il, la » douleur se saisit de moi ; & je pleu» rois, car j'étois enfant. J'avois beau » voir que tout souffroit, que tout mou» roit autour de moi, j'aurois voulu, » moi seul, ne pas souffrir ; j'aurois voulu » ne pas mourir ; & comme un enfant » que j'étois, je me livrois à l'impatience. » Je devins homme ; & la douleur me » dit : Luttons ensemble. Si tu es le plus » fort, je céderai ; mais si tu te laisses

» abattre, je te déchirerai, je planerai » ſur toi, & je battrai des aîles, comme » le vautour ſur ſa proie. S'il eſt ainſi, » dis-je à mon tour, il faut lutter enſemble; » & nous nous prîmes corps à corps. Il y » a ſoixante ans que ce combat dure, & » je ſuis debout, & je n'ai pas verſé » une larme. J'ai vu mes amis tomber ſous » vos coups; & dans mon cœur j'ai » étouffé la plainte. J'ai vu mon fils écraſé » à mes yeux; & mes yeux paternels ne » ſe ſont point mouillés. Que me veut » encore la douleur? Ne ſait-elle pas qui » je ſuis? La voilà qui, pour m'ébranler, » raſſemble enfin toutes ſes forces; & » moi, je l'inſulte, & je ris de lui voir » hâter mon trépas, qui me délivre à ja» mais d'elle. Viendra-t-elle encore agiter » ma cendre? La cendre des morts eſt » impalpable à la douleur. Et vous, » lâches, vous, qu'elle emploie à m'é» prouver, vous vivrez; vous ſerez ſa » proie à votre tour. Vous venez pour » nous dépouiller; vous vous arracherez

» nos misérables dépouilles. Vos mains, » trempées dans le sang indien, se laveront dans votre sang; & vos ossemens » & les nôtres, confusément épars dans » nos champs désolés, feront la paix, » reposeront ensemble, & mêleront leur » poussiere, comme des ossemens amis. » En attendant, brûlez, déchirez, tour» mentez ce corps, que je vous aban» donne; dévorez ce que la vieillesse n'en » a pas consumé. Voyez-vous ces oiseaux » voraces qui planent sur nos têtes? » Vous leur dérobez un repas; mais vous » leur engraissez une autre proie. Ils vous » laissent encore aujourd'hui vous re» paître; mais demain ce sera leur tour ».

Ainsi chantoit le vieillard; & plus la douleur redoubloit, plus il redoubloit ses insultes. Un Espagnol (c'étoit Moralès) ne put soutenir plus long-temps les invectives du Sauvage. Il saisit l'arc qu'on lui avoit laissé, le tendit, & perça le vieillard d'une fleche. L'Indien, qui se sentit mortellement blessé, regarda Moralès d'un œil fier & tranquille : « Ah ! jeune » homme, dit-il, jeune homme, tu perds, » par ton impatience, une belle occasion » d'apprendre à souffrir » ! Il expira ; & les Espagnols, consternés, passerent la nuit dans les bois, sans pouvoir retrouver leur route. Ce ne fut qu'au lever du jour, & au bruit du signal que fit donner Pizarre, qu'ils se rallierent à lui. Mais on s'apperçut que la vengeance du ciel avoit choisi sa victime. Moralès, perdu dans les bois, ne reparut jamais.

NOTES.

(*a*) *L'ABORD de ces côtes Sauvages*]. On a donné à cette plage le nom de *Pueblo quemado*, peuple brûlé.

(*b*) *Est-ce la race de ces géants*]. Voyez Garcil. Liv. 9. chap. 9.

CHAPITRE XVIII.

PIZARRE, au milieu de ſes compagnons découragés, marquoit encore de la conſtance, & cachoit, ſous un front ſerein, les noirs chagrins qui lui rongeoient le cœur. Mais, ſe voyant réduits au choix de périr par la faim, ou par les fleches des Sauvages, ils remontent ſur leur navire, &, à force de voile, ils cherchent des bords plus heureux.

Ils découvrent une campagne riante & cultivée, où tout annonce l'induſtrie & la paix : c'eſt la côte de Catamès, pays fertile & abondant, dont le Peuple eſt en petit nombre. Les Eſpagnols y deſcendent ; & ce Peuple exerce envers eux les devoirs naturels de l'hoſpitalité. Mais lui-même, expoſé ſans ceſſe aux ravages de ſes voiſins, il avoue à ſes hôtes que chez lui leur aſyle ſeroit mal aſſuré. « Etran» gers, leur dit le Cacique, la nature,

» qui nous a fait doux & paiſibles, nous » a donné des voiſins féroces. Dites-nous » ſi par-tout de même les bons ſont en » proie aux méchans. – Chez nous, lui » dit Pizarre, le ciel a réuni la douceur » avec l'audace, la force avec la bonté. » – Retournez donc chez vous, lui dit » triſtement le Cacique ; car les bons, » parmi nous, ſont foibles & timides, & » les méchans, forts & hardis ». Pizarre l'en crut aiſément, & il ſe retira dans une île voiſine (*), où, peu de temps après, Almagre vint lui porter quelques ſecours.

Mais tout avoit changé ſur l'iſthme. Davila n'avoit pu ſurvivre à la honte & à la douleur d'être abandonné par ſon fils. Il étoit mort dans les angoiſſes du remord & du déſeſpoir. Son ſucceſſeur (**) s'étoit laiſſé perſuader que les compagnons de Pizarre ne demandoient que leur retour,

---

(*) L'Iſle *del Gallo*.

(**) Pedre de Los-rios.

& que lui-même il ne s'obstinoit dans sa malheureuse entreprise que par un orgueil insensé. Il fit donc partir deux vaisseaux, sous la conduite d'un Castillan, nommé Tafur, pour ramener les mécontens.

A la vue de ces vaisseaux, qui s'avançoient à pleines voiles, Pizarre tressaillit de joie. Mais cette joie fit bientôt place à la plus profonde douleur.

« Je ne sais, dit-il à Tafur, qui lui » déclaroit l'ordre dont il étoit chargé, » quel est le fourbe qui, pour me nuire, » a fait parler mes compagnons; mais, » quel qu'il soit, il en impose. Ces nobles » Castillans s'attendoient, comme moi, » à des périls, à des travaux dignes d'é» prouver leur constance. Si l'entreprise » n'eût demandé que des cœurs lâches & » timides, on l'auroit achevée avant » nous, & sans nous. C'est parce qu'elle » est pénible, qu'elle nous est reservée: » les dangers en feront la gloire, quand » nous les aurons surmontés. On a donc » fait injure à mes amis, lorsqu'on a dit

» au Vice-Roi de l'Isthme qu'ils vouloient » se déshonorer. Pour moi, je n'en retiens » aucun. De braves gens, tels que je les » crois tous, ne demanderont qu'à me » suivre ; & les hommes sans cœur, s'il » y en a parmi nous, ne méritent pas » mes regrets. Faites tracer une ligne au » milieu de mon vaisseau. Vous serez à la » proue ; je serai à la poupe avec tous » mes compagnons. Ceux qui voudront » se séparer de moi, n'auront qu'un pas » à faire de la gloire à la honte ».

Tafur accepta ce défi ; & quels furent l'étonnement & la douleur de Pizarre, lorsqu'il vit presque tous les siens passer du côté de Tafur ! Indigné, mais ferme & tranquille, il les regardoit d'un œil fixe. L'un d'eux le regarde à son tour ; & voyant sur son front une noble tristesse, une froide intrépidité, il dit à ceux de qui l'exemple l'avoit entraîné : « Castil- » lans, voyez qui nous abandonnons ! » Je ne puis m'y résoudre ; & j'aime mieux » mourir avec cet homme-là, que de vivre

» avec des perfides. Adieu ». A ces mots, il repasse du côté de Pizarre, & jure, en l'embrassant, de ne le plus quitter. Ce guerrier étoit Aléon. Quelques-uns l'imiterent ; ce fut le petit nombre ; mais leur malheureux chef n'en fut que plus sensible à ce dévouement généreux. Il ne lui étoit échappé contre les déserteurs ni plainte, ni reproche ; mais, lorsqu'il vit que douze Castillans vouloient bien lui rester fideles, résolus à mourir pour lui, plutôt que de l'abandonner, son cœur soulagé s'attendrit ; il les embrasse ; & la reconnoissance lui fait verser des larmes, que la douleur n'a pu lui arracher. « Tu vois, dit-il à Tafur, que mon » navire, brisé, s'entr'ouvre & va périr ; » laisse-moi l'un des tiens ». Tafur lui refusa durement sa priere. « Je puis vous » ramener, dit-il ; mais je ne puis rien » de plus. — Ainsi, lui dit Pizarre, on » met de braves gens dans la nécessité » du choix, entre leur déshonneur & leur » perte inévitable ! Va, notre choix n'est

» pas douteux. Laiſſe-nous ſeulement des » munitions & des armes. Celui qui t'en» voie aura honte de nous avoir aban» donnés ».

Au moment fatal où Tafur mit à la voile & quitta le rivage, Pizarre fut prêt de tomber dans le plus affreux déſeſpoir. Il ſe vit preſque ſeul, ſur des mers inconnues, & dans un nouvel univers, abandonné de ſa patrie, foible jouet des élémens, en butte à des dangers horribles, en proie à ces peuples Sauvages, dont il falloit attendre ou la vie, ou la mort. Son ame eut beſoin de toutes ſes forces, pour ſoutenir la peſanteur du coup dont il étoit frappé. Ses compagnons, qui l'environnoient, gardoient un morne ſilence; & le héros, pour relever leur courage abattu, rappella tout le ſien.

Il commence d'abord par les éloigner du rivage, d'où ils ſuivoient des yeux les voiles de Tafur; & s'enfonçant avec eux dans l'île: « Mes amis, félicitons-nous, » leur dit-il, d'être délivrés de cette foule

» d'hommes timides, qui nous auroient mal
» secondés. La fortune me laisse ceux que
» j'aurois choisis. Nous sommes peu, mais
» tous déterminés, mais tous unis par l'amitié, la confiance & le malheur. Ne doutez
» pas qu'il ne nous vienne des compagnons
» jaloux de notre renommée; car dès ce
» moment elle vole aux bords d'où nous
» sommes partis : les déserteurs vont l'y
» répandre. Oui, mes amis, quoi qu'il
» arrive, treize hommes qui, seuls, délaissés sur des bords inconnus, chez des
» Peuples féroces, persistent dans le grand
» dessein de les vaincre & de les dompter,
» sont déja bien sûrs de leur gloire. Qui
» nous a rassemblés? La noble ambition
» de rendre nos noms immortels? Ils le
» sont : l'événement même est désormais
» indifférent. Heureux ou malheureux,
» il sera vrai du moins que nous aurons
» donné au monde un exemple encore
» inoui d'audace & d'intrépidité. Plaignons notre patrie d'avoir produit des
» lâches; mais félicitons-nous de l'éclat

» que leur honte va donner à notre va-» leur. Après tout, que hasardons-nous ? » La vie ? Et cent fois, à vil prix, nous » en avons été prodigues. Mais, avant » de la perdre, il est pour nous encore » des moyens de la signaler. Commençons » par nous procurer un asyle moins ex-» posé aux surprises des Indiens. Ici nous » manquerions de tout. L'île de la Gor-» gone est déserte & fertile ; la vue en » est terrible, & l'abord dangereux ; l'In-» dien n'ose y pénétrer ; hâtons-nous d'y » passer : c'est là le digne asyle de treize » hommes abandonnés, & séparés de » l'univers ».

L'île de la Gorgone est digne de son nom. Elle est l'effroi de la nature. Un ciel chargé d'épais nuages, où mugissent les vents, où les tonnerres grondent, où tombent, presque sans relâche, des pluies orageuses, des grêles meurtrieres, parmi les foudres & les éclairs ; des montagnes couvertes de forêts ténébreuses, dont les débris cachent la terre, & dont les branches entrelacées ne forment qu'un épais tiſſu, impénétrable à la clarté; des vallons fangeux, où ſans ceſſe roulent d'impétueux torrens; des bords hériſſés de rochers, où ſe briſent, en gémiſſant, les flots émus par les tempêtes; le bruit des vents dans les forêts, ſemblable aux hurlemens des loups & au glapiſſement des tigres; d'énormes couleuvres qui rampent ſous l'herbe humide des marais, & qui de leurs vaſtes replis embraſſent la tige des arbres; une multitude d'inſectes, qu'engendre un air croupiſſant, & dont l'avidité ne cherche qu'une proie: telle eſt l'île de la Gorgone, & tel fut l'aſyle où Pizarre vint ſe refugier avec ſes compagnons.

Ils furent tous épouvantés à l'aſpect de ce noir ſéjour, & Pizarre en frémit lui-même; mais il n'avoit point à choiſir. Son vaiſſeau n'eût pas réſiſté à une courſe plus longue. En abordant, il déguiſa donc, ſous l'apparence de la joie, l'horreur dont il étoit ſaiſi.

Son premier ſoin fut de chercher une colline, où la terre ne fût jamais inondée, & qui, voiſine de la mer, permît de donner le ſignal aux vaiſſeaux. Malgré l'humidité des bois dont la colline étoit couverte, il s'y fit jour avec la flamme. Un vent rapide alluma l'incendie; & le ſommet fut dépouillé. Pizarre s'y établit, y éleva des cabanes, environnées d'une enceinte.

« Amis, dit-il, nous voilà bien. Ici la » nature eſt ſauvage, mais féconde. Les » bois y ſont peuplés d'oiſeaux; la mer » y abonde en poiſſons; l'eau douce y » coule des montagnes. Parmi les fruits » que la nature nous préſente, il en eſt » d'aſſez ſavoureux pour tenir lieu de pain. » L'air eſt humide dans les vallons; il l'eſt » moins ſur cette éminence; & des feux » ſans ceſſe allumés vont le purifier en» core. Sous des toits épais de feuillages, » nous ſerons garantis de la pluie & des » vents. Quant à ces noirs orages, nous » les contemplerons comme un ſpectacle

» magnifique ; car les horreurs de la na-
» ture en augmentent la majeſté. C'eſt
» ici qu'elle eſt impoſante. Ce déſordre a
» je ne ſais quoi de merveilleux qui
» agrandit l'ame, & l'affermit en l'éle-
» vant. Oui, mes amis, nous ſortirons
» d'ici avec un ſentiment plus ſublime &
» plus fort de la nature & de nous-mêmes.
» Il manquoit à notre courage d'avoir
» été mis à l'épreuve du choc de ces fiers
» élémens. Du reſte, n'imaginez pas que
» leur guerre ſoit ſans relâche : nous au-
» rons des jours plus ſereins ; & pendant
» le ſilence des vents & des tempêtes, le
» ſoin de notre ſubſiſtance ſera moins
» pour nous un travail, qu'un exercice
» intéreſſant ».

Ce fut ainſi que d'un ſéjour affreux, Pizarre fit à ſes compagnons une peinture conſolante. L'imagination empoiſonne les biens les plus doux de la vie, & adoucit les plus grands maux.

Les Caſtillans eurent bientôt conſtruit un canot, dans lequel, quand la mer étoit

étoit calme, ils se donnoient, non loin du bord, l'utile amusement d'une pêche abondante. La chasse ne l'étoit pas moins : car, avant que les animaux d'un naturel doux & timide, aient appris à connoître l'homme, ils semblent le voir en ami. Dans cette confiance, ils tombent dans ses pieges, & vont au-devant de ses coups. Ce n'est qu'après avoir éprouvé mille fois sa malice & sa perfidie, qu'épouvantés de son approche, ils s'instruisent l'un l'autre à fuir devant leur ennemi commun.

Trois mois s'écoulerent, sans que Pizarre & ses compagnons vissent paroître aucun vaisseau. Leurs yeux, tournés du côté du nord, se fatiguoient à parcourir la solitude immense d'une mer sans rivages. Tous les jours l'espérance renaissoit & mouroit dans leurs cœurs plus découragés. Pizarre seul les relevoit, les animoit à la constance. « Donnons à nos amis le » temps de pourvoir à tout, disoit-il. Je » crains moins leur lenteur que leur

» impatience. Le vaiſſeau que j'attends » ſeroit trop tôt parti, s'il ne m'appor» toit que des hommes levés à la hâte & » ſans choix. S'il eſt chargé de braves » gens, il mérite bien qu'on l'attende ».

Il étoit loin d'avoir lui-même la confiance qu'il inſpiroit. La rigueur du climat de l'île, ſon influence inévitable ſur la ſanté de ſes amis, la ruine de ſon vaiſſeau, que la vague battoit ſans ceſſe, & qu'elle achevoit de briſer, l'incertitude & la foibleſſe du ſecours qu'il pouvoit attendre, ſon état préſent, l'avenir pour lui plus effrayant encore, tout cela formoit dans ſon ame un noir tourbillon de penſées, où quelques lueurs d'eſpérance ſe laiſſoient à peine entrevoir.

Ses amis, moins déterminés, ſe laſſoient de ſouffrir. L'air humide qu'ils reſpiroient, & dont ils étoient pénétrés, dépoſoit dans leur ſein le germe d'une langueur contagieuſe; & leur courage, avec leur force, diminuoit tous les jours. « Nous ne te demandons, diſoient-ils à

» Pizarre, qu'un climat plus doux & plus » ſain. Fais-nous reſpirer; ſauve-nous de » cette maligne influence; allons cher- » cher des hommes qu'on puiſſe fléchir, » ou combattre; oppoſe-nous des enne- » mis ſur qui du moins, en expirant, nous » puiſſions venger notre mort ».

Pizarre cede à leurs inſtances; & des débris de leur navire, il leur fait conſtruire une barque, pour regagner le continent. Mais, lorſqu'on y travaille avec le plus d'ardeur, l'un d'eux croit, du haut du rivage, appercevoir dans le lointain les voiles d'un vaiſſeau. Il pouſſe un cri de ſurpriſe & de joie; & tous les yeux ſe tournent vers le nord. Ce n'eſt d'abord qu'une foible apparence: on craint de ſe tromper; on doute ſi ce qu'on a pris pour la voile, n'eſt pas un nuage léger; on obſerve long-temps encore; & peu à peu l'eſpérance, en croiſſant, affoiblit la crainte, comme la lumiere naiſſante pénetre l'ombre, & la diſſipe au crépuſcule du matin. Toute incertitude enfin ceſſe:

on diſtingue la voile, on reconnoît le pavillon; & ce rivage, qui n'avoit juſqu'alors répété que des plaintes & des gémiſſemens, retentit de cris d'allégreſſe. Mais le vaiſſeau, en abordant, étouffe bientôt ces transports. Les Matelots qui le conduiſent, ſont l'unique ſecours qu'on envoie à Pizarre; &, ce qui l'afflige encore plus, lui-même on le rappelle, on l'oblige à partir. Il en eſt outré de douleur. « Hé quoi, dit-il, on nous envie » juſqu'au triſte honneur de mourir ſur » ces bords »! Et puis, rappellant ſon courage: « Nous y reviendrons, reprit-il; » & je ne veux m'en éloigner qu'après » avoir marqué moi-même le rivage où » nous deſcendrons ». Avant de quitter la Gorgone, il voulut y laiſſer un monument de ſa gloire. Il écrivit ſur un rocher, au bas duquel les flots ſe briſent: « *Ici treize hommes* (& ils étoient nom- » més) *abandonnés de la nature entiere,* » *ont éprouvé qu'il n'eſt point de maux* » *que le courage ne ſurmonte. Que celui*

» *qui veut tout oser, apprenne donc à tout* » *souffrir* ».

Alors, montant sur le navire qu'on leur amenoit, ils s'avancent jusqu'au rivage de Tumbès.

CHAPITRE XIX.

LA, tout ce qui s'offre à leurs yeux, annonce un Peuple induſtrieux & riche. Pizarre fait dire à ce Peuple qu'il recherche ſon amitié ; & bientôt il le voit en foule ſe raſſembler ſur le rivage. Il voit ſon navire entouré de radeaux (*) chargés de préſens : ce ſont des grains, des fruits & des breuvages, dont les vaſes d'or ſont remplis. Senſible à la bonté, à la magnificence de ce Peuple doux & paiſible, Pizarre s'applaudit d'avoir enfin trouvé des hommes ; mais ſes compagnons s'applaudiſſent d'avoir trouvé de l'or.

Les Indiens, ſans défiance comme ſans artifice, ſollicitoient les Caſtillans à deſcendre ſur le rivage. Pizarre le permit, mais ſeulement à deux des ſiens, à Candie & à Molina. A peine ſont-ils deſcendus,

(*) Ces radeaux s'appelloient des *balzes*.

J. M. Moreau, inv. J. B. Simonet, Sculp.

Daigne agréer cette douce compagne, elle est sensible
elle t'aimera

qu'une foule empressée & caressante les environne. Le Cacique lui-même les conduit dans sa ville, les introduit dans son palais, & leur fait parcourir les demeures tranquilles de ses citoyens fortunés. Ces hommes simples les reçoivent comme des amis tendres reçoivent des amis ; & avec l'ingénuité, la sécurité de l'enfance, ils leur étalent ces richesses qu'ils auroient dû ensevelir.

« Quoi de plus touchant, disoit Mo-» lina, que l'innocence de ce Peuple ? » – Il est vrai qu'il est simple, & facile à » civiliser, disoit Candie » ; & cependant, le crayon à la main, au milieu des Sauvages, il levoit le plan de la ville & des murs qui l'environnoient. Les Indiens, enchantés de l'art ingénieux avec lequel sa main traçoit comme l'ombre de leurs murailles, ne se lassoient pas d'admirer ce prodige nouveau pour eux. Ils étoient loin de soupçonner que ce fût une perfidie. « Que faites-vous, lui demande » Alonzo ? – J'examine, répond Candie,

» par où l'on peut les attaquer. – Les » attaquer ? Quoi ! dans le moment même » qu'ils vous comblent de biens, qu'ils se » livrent à vous sans crainte & sur la foi » de l'hospitalité, vous méditez le noir » projet de les surprendre dans leurs murs ? » Êtes-vous assez lâche ? .... – Et vous, » reprit Candie, êtes-vous assez insensé » pour croire qu'on passe les mers, & » qu'on vienne d'un monde à l'autre pour » s'attendrir, comme des enfans, sur l'im- » bécillité d'un Peuple de Sauvages ? On » feroit de belles conquêtes avec vos » timides vertus. – Peut-être, dit Alonzo. » Mais est-ce bien Pizarre qui fait lever » le plan de ces murs ? – C'est lui-même. » – J'en doute encore. – Vous m'insultez. » – Je l'estime trop pour vous croire ». Et à ces mots, l'impétueux jeune homme arrache des mains de Candie le dessin qu'il avoit tracé.

Tout-à-coup, se lançant l'un à l'autre un regard de colere, ils écartent la foule ; & l'épée étincelle comme un éclair dans leurs vaillantes mains. Les Sauvages, persuadés que ce combat n'étoit qu'un jeu, applaudissoient d'abord, avec les regards de la joie & les signes naïfs de l'admiration, à l'adresse dont l'un & l'autre paroient les coups les plus rapides. Mais, lorsqu'ils virent le sang couler, ils jeterent des cris perçans de douleur & d'effroi; & leur Roi, se précipitant lui-même entre les deux épées, s'écrie : « Arrête! arrête! C'est mon hôte, c'est » mon ami, c'est le sang de ton frere » que tu fais couler ». On s'empresse, on les retient, on les désarme, on les mene sur le vaisseau.

Pizarre, instruit de leur querelle, les reprit tous les deux; mais, quelqu'égalité qu'il affectât dans ses reproches, Alonzo crut s'appercevoir que Candie étoit approuvé. Un noir chagrin s'empara de son ame. Il se rappella les conseils du vertueux Barthelemi; il se retraça le supplice du vieillard Indien qu'on avoit fait brûler, la guerre injuste & meurtriere qu'on avoit livrée à ces Peuples, l'avidité impatiente de ſes compagnons à la vue de l'or. Enfin l'exemple du paſſé ne lui fit voir dans l'avenir que le meurtre & que le ravage ; & dès lors il ſe repentit de s'être engagé ſi avant.

Comme il étoit chéri des Indiens, c'étoit lui que Pizarre chargeoit le plus ſouvent d'aller pourvoir aux beſoins du navire. Un jour qu'il étoit deſcendu, il fut accueilli par ce Peuple avec une amitié ſi naïve & ſi tendre, qu'il ne put retenir ſes pleurs. « Dans quelques mois » peut-être, diſoit-il en lui-même, les » fertiles bords de ce fleuve, ces champs » couverts de moiſſons, ces vallons peu- » plés de troupeaux, ſeront tous ravagés ; » les mains qui les cultivent ſeront char- » gées de chaînes ; & de ces Indiens ſi » doux & ſi paiſibles, des milliers ſeront » égorgés, & le reſte, réduit au plus dur » eſclavage, périra miſérablement dans » les travaux des mines d'or. Peuple » innocent & malheureux ! non, je ne

» puis t'abandonner ; je me ſens attaché » à toi, comme par un charme invin- » cible. Je ne trahis point ma patrie, en » me déclarant l'ennemi des brigands qui » la déshonorent, & en cherchant moi- » même à lui gagner les cœurs ». Telle fut ſa réſolution ; & il écrivit à Pizarre : « J'aime les Indiens ; je reſte parmi eux, » parce qu'ils ſont bons & juſtes. Adieu. » Vous trouverez en moi un médiateur, » un ami, ſi vous reſpectez avec eux les » droits de la nature ; un ennemi, ſi, par » la force, le brigandage & la rapine, » vous violez ces droits ſacrés ».

Pizarre, affligé de la perte d'Alonzo, le fit preſſer de revenir. On le trouva au milieu des Sauvages, éclairant leur rai- ſon, & jouiſſant de leurs careſſes. « Ra- » contez à Pizarre ce que vous avez vu, » dit-il à ceux qui venoient le chercher ; » & que mon exemple lui apprenne que » le plus ſûr moyen de captiver ces » Peuples, c'eſt d'être juſte & bienfai- » ſant ».

L'un des regrets de Pizarre, en quittant ces bords, fut d'y laiſſer ce vaillant jeune homme. Mais celui-ci n'avoit jamais été plus heureux que dans ce moment. Se voyant au milieu d'un Peuple naturellement ſimple & doux, il jouiſſoit du calme des paſſions; il reſpiroit l'air pur de l'innocence; il prenoit plaiſir à l'entendre célébrer les vertus des Incas, enfans du Soleil, & mettre au rang de leurs bienfaits l'heureuſe révolution qui s'étoit faite dans ſes mœurs, lorſque, par la raiſon, plus que par la force des armes, les Incas l'avoient obligé de ſuivre leur culte & leurs loix. Alonzo, à ſon tour, leur donnoit une idée de nos mœurs & de nos uſages, des progrès de nos connoiſſances, & des prodiges de nos arts. Ce merveilleux les étonnoit. Le Cacique lui demanda ce qui l'avoit engagé à ſe ſéparer de ſes amis, & à demeurer ſur ces bords. « Ceux » avec qui je ſuis venu, lui répondit » Alonzo, m'ont dit: Allons faire du bien » aux habitans du Nouveau Monde;

» aussi-tôt je les ai suivis. J'ai vu qu'ils » ne pensoient qu'à vous faire du mal ; & » je les ai abandonnés ». Il lui raconta le sujet de sa querelle avec Candie. L'Indien en fut pénétré de reconnoissance pour lui. Il le regardoit avec une admiration douce & tendre ; & il disoit tout bas : « Il en est » digne, il en est plus digne que moi ». L'heure du sommeil approchoit ; le Cacique prit congé d'Alonzo ; mais, en s'en allant, il retournoit vers lui les yeux, & levoit les mains vers le ciel.

Le lendemain, il vient le trouver dès l'aurore. « Eveille-toi, Roi de Tumbès, » lui dit-il, en lui présentant son diadême » & ses armes, éveille-toi ; reçois de ma » main la couronne. J'y ai bien pensé : je » te la dois. J'ai ton courage & ta bonté, » mais je n'ai pas tes lumieres. Prends ma » place, regne sur nous. Je serai ton pre- » mier Sujet. L'Inca l'approuvera lui- » même ». Alonzo, confondu de voir dans un Sauvage cet exemple inoui de modestie & de magnanimité, sentit ce que l'orgueil ignore, que la véritable grandeur & la ſimplicité ſe touchent, & qu'il eſt rare qu'un cœur droit ne ſoit pas un cœur élevé. Il rendit graces au Cacique, & lui dit : « Tu es juſte & bon : tu dois être aimé » de ton Peuple. Laiſſons-lui ſon Roi. » D'autres ſoins doivent occuper ton ami ».

Bientôt après, il vit venir les plus heureuſes meres, celles qui pouvoient s'applaudir d'avoir les filles les plus belles, & qui, les menant par la main, les lui préſentoient à l'envi. « Daigne agréer, lui » diſoient-elles, cette jeune & douce com» pagne. Elle excelle à filer la laine ; elle » en fait les plus beaux tiſſus. Elle eſt » ſenſible ; elle t'aimera. Tous les matins, » à ſon réveil, elle ſoupire après un époux ; » & du moment qu'elle t'a vu, tu es l'époux » que ſon cœur deſire. Tous mes enfans » ont été beaux ; les ſiens le ſeront encore » plus : car tu ſeras leur pere ; & jamais » nos compagnes n'ont rien vu de ſi beau » que toi ».

Molina ſe fût livré ſans peine aux

charmes de la beauté, de l'innocence & de l'amour. Mais, se donner une compagne, c'étoit lui-même s'engager; & ses desseins demandoient un cœur libre. Il avoit appris du Cacique qu'au-delà des montagnes, deux Incas, deux fils du Soleil, se partageoient un vaste Empire; & dès-lors il avoit formé la résolution de se rendre à leur Cour. « L'Inca, Roi de » Cusco, lui disoit le Cacique, est su- » perbe, inflexible; il se fait redouter. » Celui de Quito, bien plus doux, se » fait adorer de ses Peuples. Je suis du » nombre des Caciques que son pere a » mis sous ses loix ». Alonzo, pour se rendre à la Cour de Quito, demanda deux fideles guides. Le Cacique auroit bien voulu le retenir encore. « Quoi! » si-tôt, tu veux nous quitter, lui disoit-il! » Et dans quel lieu seras-tu plus aimé, » plus révéré que parmi nous? — Je vais » pourvoir à ton salut, lui répondit » Alonzo, & engager l'Inca à prendre » avec moi ta défense : car vos ennemis

» vont dans peu revenir ſur ces bords.
» Mais ne t'allarme point. Je viendrai
» moi-même, à la tête des Indiens, te
» ſecourir ». Ce zele attendrit le Cacique;
& les larmes de l'amitié accompagnerent
ſes adieux. Lui-même il choiſit les deux
guides que ſon ami lui demandoit ; &
avec eux Alonzo, traverſant les vallées,
ſuivit la rive du Dolé, qui prend ſa ſource
vers le nord.

CHAPITRE

CHAPITRE XX.

APRÈS une marche pénible, ils approchoient de l'équateur, & alloient passer un torrent qui se jette dans l'Emeraude; lorsqu'Alonzo vit ses deux guides interdits & troublés, se parler l'un à l'autre, avec des mouvemens d'effroi. Il leur en demande la cause. « Regarde, lui » dit l'un d'eux, au sommet de la mon» tagne. Vois-tu ce point noir dans le » ciel? Il va grossir, & former un affreux » orage ». En effet, peu d'instans après, ce point nébuleux s'étendit; & le sommet de la montagne fut couvert d'un nuage sombre.

Les Sauvages se hâtent de passer le torrent. L'un d'eux le traverse à la nage, & attache au bord opposé un long tissu de liane (*a*), auquel Alonzo suspendu dans une corbeille d'osier, passe rapidement; l'autre Indien le suit; & dans le même instant, un murmure profond donne le signal de la guerre que les vents vont se déclarer. Tout-à-coup leur fureur s'annonce par d'effroyables sifflemens. Une épaisse nuit enveloppe le ciel, & le confond avec la terre ; la foudre, en déchirant ce voile ténébreux, en redouble encore la noirceur ; cent tonnerres qui roulent, & semblent rebondir sur une chaîne de montagnes, en se succédant l'un à l'autre, ne forment qu'un mugissement qui s'abaisse & qui se renfle comme celui des vagues. Aux secousses que la montagne reçoit du tonnerre & des vents, elle s'ébranle, elle s'entrouvre ; & de ses flancs, avec un bruit horrible, tombent de rapides torrens. Les animaux, épouvantés, s'élançoient des bois dans la plaine ; & à la clarté de la foudre, les trois voyageurs pâlissans voyoient passer à côté d'eux le lion, le tigre, le linx, le léopard, aussi tremblans qu'eux-mêmes. Dans ce péril universel de la nature, il n'y a plus de férocité ; & la crainte a tout adouci.

L'un des guides d'Alonzo avoit, dans sa frayeur, gagné la cîme d'une roche. Un torrent, qui se précipite en bondissant, la déracine & l'entraîne; & le Sauvage, qui l'embrasse, roule avec elle dans les flots. L'autre Indien croyoit avoir trouvé son salut dans le creux d'un arbre; mais une colonne de feu, dont le sommet touche à la nue, descend sur l'arbre, & le consume avec le malheureux qui s'y étoit sauvé.

Cependant Molina s'épuisoit à lutter contre la violence des eaux : il gravissoit dans les ténebres, saisissant tour-à-tour les branches, les racines des bois qu'il rencontroit, sans songer à ses guides, sans autre sentiment que le soin de sa propre vie : car il est des momens d'effroi, où toute compassion cesse, où l'homme, absorbé en lui-même, n'est plus sensible que pour lui.

Enfin il arrive, en rampant, au bas d'une roche escarpée; &, à la lueur des éclairs, il voit une caverne ténébreuse

& profonde, dont l'horreur l'auroit glacé dans tout autre moment. Meurtri, épuisé de fatigue, il se jette au fond de cet antre; & là, rendant graces au ciel, il tombe dans l'accablement.

L'orage enfin s'appaise; les tonnerres, les vents cessent d'ébranler la montagne; les eaux des torrens, moins rapides, ne mugissent plus à l'entour; & Molina sent couler dans ses veines le baume du sommeil. Mais un bruit plus terrible que celui des tempêtes, le frappe, au moment même qu'il alloit s'endormir.

Ce bruit, pareil au broiement des cailloux, est celui d'une multitude de serpens (*), dont la caverne est le refuge. La voûte en est revêtue; & entrelacés l'un à l'autre, ils forment, dans leurs mouvemens, ce bruit qu'Alonzo reconnoît. Il sait que le venin de ces serpens est le plus subtil des poisons; qu'il allume soudain, & dans toutes les veines, un

(*) Les Serpens à sonnettes.

feu qui dévore & consume, au milieu des douleurs les plus intolérables, le malheureux qui en est atteint. Il les entend; il croit les voir rampans autour de lui, ou pendus sur sa tête, ou roulés sur eux-mêmes, & prêts à s'élancer sur lui. Son courage épuisé succombe; son sang se glace de frayeur; à peine il ose respirer. S'il veut se traîner hors de l'antre, sous ses mains, sous ses pas, il tremble de presser un de ces dangereux reptiles. Transi, frissonnant, immobile, environné de mille morts, il passe la plus longue nuit dans une pénible agonie, desirant, frémissant de revoir la lumiere, se reprochant la crainte qui le tient enchaîné, & faisant sur lui-même d'inutiles efforts pour surmonter cette foiblesse.

Le jour qui vint l'éclairer, justifia sa frayeur. Il vit réellement tout le danger qu'il avoit pressenti; il le vit plus horrible encore. Il falloit mourir, ou s'échapper. Il ramasse péniblement le peu de forces qui lui restent; il se souleve avec lenteur, se courbe, & les mains appuyées ſur ſes genoux tremblans, il ſort de la caverne, auſſi défait, auſſi pâle qu'un ſpectre qui ſortiroit de ſon tombeau. Le même orage qui l'avoit jeté dans le péril, l'en préſerva: car les ſerpens en avoient eu autant de frayeur que lui-même; & c'eſt l'inſtinct de tous les animaux, dès que le péril les occupe, de ceſſer d'être malfaiſans.

Un jour ſerein conſoloit la nature des ravages de la nuit. La terre, échappée comme d'un naufrage, en offroit partout les débris. Des forêts, qui, la veille, s'élançoient juſqu'aux nues, étoient courbées vers la terre; d'autres ſembloient ſe hériſſer encore d'horreur. Des collines, qu'Alonzo avoit vu s'arrondir ſous leur verdoyante parure, entr'ouvertes en précipices, lui montroient leurs flancs déchirés. De vieux arbres déracinés, précipités du haut des monts, le pin, le palmier, le gayac, le caobo, le cedre, étendus, épars dans la plaine, la couvroient de leurs troncs briſés & de leurs branches fracassées. Des dents de rochers détachées, marquoient la trace des torrens ; leur lit profond étoit bordé d'un nombre effrayant d'animaux, doux, cruels, timides, féroces, qui avoient été submergés & revomis par les eaux.

Cependant ces eaux, écoulées, laissoient les bois & les campagnes se ranimer aux rayons du jour naissant. Le ciel sembloit avoir fait la paix avec la terre, & lui sourire en signe de faveur & d'amour. Tout ce qui respiroit encore, recommençoit à jouir de la vie ; les oiseaux, les bêtes sauvages avoient oublié leur effroi ; car le prompt oubli des maux est un don que la nature leur a fait, & qu'elle a refusé à l'homme.

Le cœur d'Alonzo, quoique flétri par la crainte & par la douleur, sentit un mouvement de joie. Mais, en cessant de craindre pour lui-même, il trembla pour ses compagnons. Sa voix à grands cris les appelle ; ses yeux les cherchent vainement ; il ne les revoit plus ; & les échos ſeuls lui répondent. « Hélas ! s'écria-t-il, » mes guides ! mes amis ! c'en eſt donc » fait ? Ils ont péri ſans doute. Et moi, » que vais-je devenir » ? Le jeune homme, à ces mots, ſe croyant pourſuivi par un malheur inévitable, retomba dans l'abattement. Pour comble de calamité, il ne retrouva plus le peu de vivres qu'ils avoient pris, & dont il ſentoit le beſoin, par l'épuiſement de ſes forces. La nature y pourvut ; les mangles, les bananes, l'oca furent ſes alimens (*b*).

Auſſi loin que ſa vue pouvoit s'étendre, il cherchoit des lieux habités ; il n'en voyoit aucun indice ; ſon courage étoit épuiſé. Enfin il découvre un ſentier pratiqué entre deux montagnes. Heureux de voir des traces d'hommes, l'eſpérance & la joie ſe raniment en lui ; l'obſcurité de cette route, où des rochers, ſuſpendus ſur ſa tête, laiſſent à peine un étroit paſſage à la lumiere, ne lui inſpire aucune horreur. L'inſtinct, qui ſembloit l'attirer vers un lieu où il eſpéroit de trouver ſes ſemblables, précipitoit ſes pas, & le rendoit inſenſible à la fatigue & au danger. Il ſort enfin de ce ſentier profond, & il découvre une campagne, ſemée çà & là de cabanes & de troupeaux. Il reſpire; & tendant les mains au ciel, il lui rend grace.

A peine a-t-il paru, que des Sauvages l'environnent avec des cris & des tranſports, qu'il prend pour des ſignes de joie. Il s'approche, & leur tend les bras. Il ne voit pas ſur leurs viſages la ſimple & naïve douceur des Peuples de Tumbès: leur ſourire même eſt cruel; leur regard lui paroît moins curieux qu'avide; & leur accueil, tout careſſant qu'il eſt, a je ne ſais quoi d'effrayant. Cependant Alonzo s'y livre. « Indiens, leur dit-il, je ſuis un » Etranger, mais un Etranger qui vous » aime. Ayez pitié de l'abandon où je » me vois réduit ». Comme il diſoit ces mots, il ſe voit chargé de liens; les cris d'allégreſſe redoublent; & il eſt conduit au hameau. Les femmes ſortent des cabanes, tenant par la main leurs enfans. Elles entourent le poteau où Molina est attaché ; & on le laisse au milieu d'elles.

Il vit bien qu'il étoit tombé chez un Peuple d'antropophages. En lui liant les mains, on l'avoit dépouillé, triste présage de son sort ! Il entendoit les Sauvages, répandus dans le hameau, s'inviter l'un l'autre à la fête ; & les chansons des femmes, qui se réjouissoient & qui dansoient autour de lui, ne lui déguisoient pas ce qui alloit se passer. « Enfans, » disoient-elles, chantez : vos peres sont » tombés sur une bonne proie. Chantez ; » vous serez du festin ».

Tandis qu'elles s'applaudissoient, le malheureux Alonzo, pâle, tremblant, les regardoit, de l'œil dont le cerf aux abois regarde la meute affamée. La nature fit un effort sur elle-même ; il rassembla le peu de forces que lui laissoit la peur dont il étoit saisi ; & s'adressant à ces femmes Sauvages : « Lorsque vos enfans, leur

» dit-il, ſont ſuſpendus à vos mamelles,
» & que leur pere les careſſe & vous
» ſourit avez amour, combien ne ſeroit
» pas cruel celui qui viendroit, dans vos
» bras, déchirer le fils & le pere, comme
» vous m'allez déchirer? La nature vous
» a donné des ennemis dans les bêtes ſau-
» vages; vous pouvez leur livrer la guerre,
» & vous abreuver de leur ſang. Mais
» moi, je ſuis un homme innocent & pai-
» ſible, qui ne vous ai fait aucun mal.
» Une femme ſemblable à vous m'a porté
» dans ſes flancs, & m'a nourri de ſon
» lait. Si elle étoit ici, vous la verriez,
» tremblante, vous conjurer, par vos
» entrailles, d'épargner ſon malheureux
» fils. Réſiſteriez-vous à ſes pleurs, &
» laiſſeriez-vous égorger un fils dans les
» bras de ſa mere? La vie eſt pour moi
» peu de choſe; mais ce qui me touche
» bien plus, c'eſt le péril qui vous me-
» nace, & le ſoin de votre défenſe contre
» une puiſſance terrible, qui va venir
» vous attaquer. Je le ſavois; j'allois, pour

» vous, implorer à Quito le ſecours des » Incas. Pour vous, je me ſuis expoſé, » dans ce pénible & long voyage, au » danger d'être pris, d'être déchiré par » vos mains. Femmes Indiennes, croyez » que je ſuis votre ami, celui de vos » enfans, celui même de vos époux. Vou- » lez-vous dévorer la chair de votre ami, » boire le ſang de votre frere » ?

Ces femmes, étonnées, le contemploient en l'écoutant; & par degrés leur cœur farouche étoit ému, & s'amolliſſoit à ſa voix. La nature a pour tous les yeux deux charmes tout-puiſſans, lorſqu'ils ſe trouvent réunis : c'eſt la jeuneſſe & la beauté. Du moment qu'il avoit parlé, ſa pâleur s'étoit diſſipée; les roſes de ſes levres & de ſon teint avoient repris tout leur éclat; ſes beaux yeux noirs ne jetoient point ces traits de feu dont ils auroient brillé, ou dans l'amour, ou dans la joie : ils étoient languiſſans; & ils n'en étoient que plus tendres. Les ondes de ſes longs cheveux, flottantes ſur l'ivoire de ſes bras enchaînés, en relevoient la blancheur éclatante ; & ſa taille, dont l'élégance, la nobleſſe, la majeſté formoient un accord raviſſant, ne laiſſoit rien imaginer au-deſſus d'un ſi beau modele. Dans la Cour d'Eſpagne, au milieu de la plus brillante jeuneſſe, Molina l'auroit effacée. Combien plus rare & plus frappant devoit être, chez des Sauvages, le prodige de ſa beauté ? Ces femmes y furent ſenſibles. La ſurpriſe fit place à l'attendriſſement, l'attendriſſement à l'ivreſſe. Ces enfans qu'elles amenoient pour les abreuver de ſon ſang, elles les prennent dans leurs bras, les élevent à ſa hauteur, & pleurent en voyant qu'il leur ſourit avec tendreſſe, & qu'il leur donne des baiſers.

Dans ce moment, les Indiens ſe raſſemblent en plus grand nombre. Armés de ces pierres tranchantes, qu'ils ſavent éguiſer, ils ſe jetoient ſur la victime, impatiens de lui ouvrir les veines, & d'en voir ruiſſeler le ſang. Plus tremblantes qu'Alonzo même, les femmes l'environnent avec des cris perçans, & tendant les mains aux Sauvages : « Arrêtez ! » épargnez ce malheureux jeune homme. » C'est votre ami, c'est votre frere. Il » vous aime ; il veut vous défendre d'un » ennemi cruel, qui vient vous attaquer. » Il alloit implorer pour vous le secours » du Roi des montagnes. Laissez-le vivre : » il ne vit que pour nous ». Ces cris, cet étrange langage étonnerent les Indiens. Mais leur instinct féroce les pressoit. Ils dévoroient des yeux Alonzo, & tâchoient de se dégager des bras de leurs compagnes, pour se jeter sur lui. « Non, » tigres, non, s'écrierent-elles, vous ne » boirez pas son sang, ou vous boirez » aussi le nôtre ». Ces hommes farouches s'arrêtent. Ils se regardent entre eux, immobiles d'étonnement. « Dans quel dé» lire, disoient-ils, ce captif a plongé » nos femmes ! Êtes-vous insensées ? & » ne voyez-vous pas que, pour s'échap» per, il vous flatte ? Eloignez-vous, &

» nous laissez dévorer en paix notre proie. » – Si vous y touchez, dirent-elles, nous » jurons toutes, par le cœur du lion, dont » vous êtes nés, de massacrer vos enfans, » de les déchirer à vos yeux, & de les » dévorer nous-mêmes ». A ces mots, les plus furieuses, saisissant leurs enfans par les cheveux, & d'une main les tenant suspendus aux yeux de leurs maris, grinçoient les dents, & rugissoient. Ils en furent épouvantés. « Qu'il vive, dirent-» ils, puisque vous le voulez »; & ils dégagerent Alonzo.

« Nous voyons bien, lui dirent-ils, » que tu possedes l'art des enchantemens; » mais du moins apprends-nous quel en-» nemi nous menace ? – Un Peuple cruel » & terrible, leur répondit Alonzo. – Et » tu allois, disent nos femmes, deman-» der au Roi des montagnes de venir à » notre secours ? – Oui, c'est dans ce » dessein que je suis parti de Tumbès; » mais j'ai perdu mes guides. – Nous t'en » donnerons un, qui te menera jusqu'au

» fleuve, au bord duquel eſt un chemin » qui remonte juſqu'à ſa ſource. Mais » aſſiſte à notre feſtin ».

A ce feſtin, où des béliers ſanglans étoient déchirés, dévorés, comme lui-même il devoit l'être, Alonzo friſſonnoit d'horreur. Il eut cependant le courage de demander au Cacique, s'il ne ſentoit pas la nature ſe ſoulever, lorſqu'il mangeoit la chair, ou qu'il buvoit le ſang des hommes? « Par le lion! dit le Sauvage, » un inconnu, pour moi, n'eſt qu'un ani- » mal dangereux. Pour m'en délivrer, je » le tue; quand je l'ai tué, je le mange. » Il n'y a rien là que de juſte; & je ne fais » tort qu'aux vautours ».

Après le feſtin, le Cacique invitoit Alonzo à paſſer la nuit dans ſa cabane, lorſque les femmes vinrent en foule, & lui dirent : « Va-t-en. Ils ſont aſſouvis; ils » s'endorment. N'attends pas qu'ils s'é- » veillent & que la faim les preſſe. Nous » les connoiſſons. Fuis; tu ſerois dévo- » ré ». Cet avis ſalutaire preſſa le départ

d'Alonzo.

d'Alonzo. Il ſe mit en chemin avec ſon nouveau guide, non ſans avoir baiſé cent fois les mains qui l'avoient délivré.

NOTES.

(*a*) *UN long tiſſu de liane*]. Ces ponts s'appellent tarabites. La liane eſt une eſpece d'oſier.

(*b*) *Furent ſes alimens*]. L'oca eſt une racine ſavoureuſe ; les mangles & les bannanes ſont des fruits.

CHAPITRE XXI.

EN arrivant au bord de l'Emeraude, il fut ſurpris de voir à l'autre rive un Peuple nombreux s'embarquer, avec ſes femmes & ſes enfans, ſur une flotte de canots. Il ordonne à ſon guide de paſſer à la nage, & de demander à ce Peuple s'il deſcend vers Atacamès, ou s'il remonte l'Emeraude, & s'il veut recevoir ſur l'un de ſes canots un Etranger, ami des Indiens.

Le Chef de cette Colonie lui fit répondre qu'il remontoit le fleuve; qu'il ne refuſoit point un homme qui s'annonçoit en ami; & qu'il lui envoyoit un canot, pour venir lui parler lui-même.

Le jeune homme, après les périls auxquels il venoit d'échapper, ne voyoit plus rien à craindre. Il prend congé de ſon guide, entre ſans défiance dans le canot, & paſſe à l'autre bord.

« Tu es Eſpagnol, & tu t'annonces » comme l'ami des Indiens, lui dit, en » le voyant, le Chef de cette troupe de » Sauvages ! – Je ſuis Eſpagnol, lui ré- » pondit Alonzo ; & je donnerois tout » mon ſang pour le ſalut des Indiens. C'eſt » leur intérêt qui m'engage ».... Comme il diſoit ces mots, ſes yeux furent frappés d'une figure que les Indiens portoient à côté du Cacique. A cette vue, Alonzo ſe trouble; la ſurpriſe, la joie & l'attendriſſe- ment ſuſpendent ſon récit, & lui coupent la voix. Dans cette image, il entrevoit les traits, il reconnoît du moins le vêtement & l'attitude de Las-Caſas. « Ah ! dit-il, » d'une voix tremblante, eſt-ce Las- » Caſas ? eſt-ce lui qu'on révere ici » comme un Dieu » ? Et il embraſſe la ſtatue. « C'eſt lui-même, dit le Cacique. » Eſt-il connu de toi ? – S'il eſt connu » de moi ! lui, dont les ſoins, l'exemple & » les leçons ont formé ma jeuneſſe ! Ah ! » vous êtes tous mes amis, puiſque ſes » vertus vous ſont cheres, & que vous

» en gardez le ſouvenir ». A ces mots, il ſe jette dans les bras du Cacique. « D'où » venez-vous ? ajouta-t-il ; où l'avez-vous » laiſſé ? & quel prodige nous raſſemble » ? Deux freres, qu'une amitié ſainte auroit unis dès le berceau, n'auroient pas éprouvé des mouvemens plus doux, en ſe réuniſſant, après une cruelle abſence.

« Peuple, dit Capana, c'eſt l'ami de » Las-Caſas, que je rencontre ſur ces » bords ». Auſſi-tôt le Peuple s'empreſſe à témoigner au Caſtillan le plaiſir de le poſſéder. « Tu es l'ami de Las-Caſas ! viens, » que nous te ſervions », lui diſent les femmes Indiennes ; & d'un air ſimple & careſſant, elles l'invitent à ſe repoſer. Cependant l'une va puiſer, au bord du fleuve, une eau plus fraîche & plus pure que le cryſtal, & revient lui laver les pieds ; l'autre démêle, arrange, attache ſur ſa tête les ondes de ſes longs cheveux ; l'autre, en eſſuyant la pouſſiere dont ſon viſage eſt couvert, s'arrête & l'admire en ſilence.

Alonzo attendrit le Cacique en lui faiſant l'éloge de Las-Caſas ; & le Cacique lui raconta le voyage de l'homme juſte dans le vallon qui leur ſervoit d'aſyle. « Hélas ! ajouta le Sauvage, » le croiras-tu ? Cet Eſpagnol que nous » avions ſauvé, à la priere de Las-Caſas, » c'eſt lui qui nous a perdus. – Lui ? » – Lui-même. – Le malheureux vous a » trahis ! – Oh non : ce jeune homme » étoit bon. Mais ſon pere étoit un per» fide. Il l'a fait épier, comme il revenoit » parmi nous ; & notre aſyle découvert, » il a fallu l'abandonner. Las d'être pour» ſuivis, nous cherchons un refuge dans » le royaume des Incas. C'eſt à Quito » que nous allons ; & pour éviter les » montagnes, nous avons pris ce long » détour. – C'eſt auſſi à Quito que j'ai » deſſein d'aller, dit Molina » ; & il lui apprit comment, ayant quitté Pizarre, touché des maux qui menaçoient les Peuples de ces bords, il avoit réſolu d'aller trouver Ataliba, pour l'appeller à leur ſecours. « Ah ! lui dit le Cacique, » je reconnois en toi le digne ami de » l'homme juſte : il me ſemble voir dans » tes yeux une étincelle de ſon ame. Sois » notre guide ; préſente-nous à l'Inca » comme tes amis, & réponds-lui de » notre zele ».

La Colonie s'embarque ; on remonte le fleuve ; & lorſqu'affoibli vers ſa ſource, il ne porte plus les canots, on ſuit le ſentier qui pénetre à travers l'épaiſſeur des bois. Les racines, les fruits ſauvages, les oiſeaux bleſſés dans leur vol par les fleches des Indiens, le chevreuil & le daim timides, atteints de même dans leur courſe, ou pris dans des liens tendus & cachés ſous leurs pas, ſervent de nourriture à ce Peuple nombreux.

Après avoir franchi cent fois les torrens & les précipices, on voit les forêts s'éclaircir, & la ſtérilité ſuccede à l'excès importun de la fécondité. Au lieu de ces bois ſi touffus, où la terre, trop vigoureuſe, prodigue & perd les fruits d'une folle abondance, l'œil ne découvre plus au loin que des ſables arides & que des rochers calcinés. Les Indiens en ſont épouvantés; Alonzo en frémit lui-même. Mais à peine ils ſont arrivés ſur la croupe de la montagne, il ſemble qu'un rideau ſe leve, & ils découvrent le vallon de Quito, les délices de la nature. Jamais ce vallon ne connut l'alternative des ſaiſons; jamais l'hiver n'a dépouillé ſes rians côteaux; jamais l'été n'a brûlé ſes campagnes. Le laboureur y choiſit le temps de la culture & de la moiſſon. Un ſillon y ſépare le printemps de l'automne. La naiſſance & la maturité s'y touchent; l'arbre, ſur le même rameau, réunit les fleurs & les fruits.

Les Indiens, Molina à leur tête, marchent vers les murs de Quitto, l'arc pendu au carquois, & tenant par la main leurs enfans & leurs femmes, ſignes naturels de la paix. Ce fut aux portes de la ville un ſpectacle nouveau, que de voir tout un Peuple demander l'hoſpitalité. L'Inca, dès qu'il lui est annoncé, ordonne qu'on l'introduise, & qu'on l'amene devant lui. Il sort lui-même, avec la dignité d'un Roi, de l'intérieur de son palais, suivi d'une nombreuse Cour, s'avance jusqu'au vestibule, & y reçoit ces Etrangers.

Le jeune Espagnol, qui marchoit à côté du Cacique, saluoit le Monarque, & alloit lui parler ; mais il fut prévenu par les frémissemens & par les cris des Mexicains. « Ciel ! dirent-ils, un de nos » oppresseurs ! Oui, poursuivit Oro- » zimbo, je reconnois les traits, les vê- » temens de ces barbares. Inca, cet » homme est Castillan. Laisse-moi venger » ma patrie ». En disant ces mots, il avoit l'arc tendu, & alloit percer Molina. L'Inca mit la main sur la fleche. « Cacique, lui dit-il, modérez cet em- » portement. Innocent ou coupable, tout » homme suppliant mérite au moins d'être » entendu. Parle, dit-il à Molina ; dis- » nous qui tu es, d'où tu viens, ce » qui t'amene, ce que tu veux de moi.

» Garde sur-tout d'en imposer ; & si tu es » Castillan, ne sois point étonné de l'horreur que ta vue inspire à la famille de » Montezume ».

« Ah ! s'il est vrai, lui dit Alonzo, leur » ressentiment est trop juste ; & ce seroit » peu de mon sang pour tout celui qu'on » a versé. Oui, je suis Castillan ; je suis » l'un des barbares qui ont porté la flamme » & le fer sur ce malheureux continent ; » mais je déteste leurs fureurs. Je viens » d'abandonner leur flotte. Je suis l'ami » des Indiens. J'ai traversé des déserts » pour venir jusqu'à toi, & pour t'avertir » des malheurs dont ta patrie est menacée. Inca, si, comme on nous l'assure, » la justice regne avec toi, si l'humanité » bienfaisante est l'ame de tes loix & » la vertu de ton empire, je t'offre le » cœur d'un ami, le bras d'un guerrier, » les conseils d'un homme instruit des » dangers que tu cours. Mais si je trouve, » dans ces climats, la nature outragée » par des loix tyranniques, par un culte

» impie & ſanglant, je t'abandonne, & » je vais vivre dans le fond des déſerts, » au milieu des bêtes farouches, moins » cruelles que les humains. Quant au » Peuple que je t'amene, je ne connois » de lui que ſa vénération pour un Caſ- » tillan, mon ami, & le plus vertueux » des hommes. Je l'ai trouvé portant » l'image de ce reſpectable mortel. La » voilà : je l'ai reconnue ; & dès-lors j'ai » été l'ami d'un Peuple vertueux lui- » même, puiſqu'il adore la vertu. C'eſt » par ſes ſecours généreux que je ſuis » venu juſqu'à toi. Je te réponds qu'il eſt » ſenſible, intéreſſant, digne de l'appui » qu'il implore. Il fuit ſon pays qu'on » ravage ; & voilà ſon Cacique, homme » généreux, ſimple & juſte, dont tu te » feras un ami, ſi tu ſens le prix d'un » grand cœur ».

La franchiſe & la grandeur d'ame ont un caractere ſi fier & ſi impoſant par lui-même, qu'en ſe montrant, elles écartent la défiance & les ſoupçons. Dès que

Molina eut parlé, Ataliba lui tendit la main. « Viens, lui dit-il ; le guerrier & » l'ami, le courage de l'un, les conseils » de l'autre, tout sera bien reçu de moi. » Ton estime pour ce Cacique & pour » son Peuple, me répond de leur foi ; & » je n'en veux point d'autre gage ».

Il ordonna qu'on eût soin de pourvoir à tous les besoins de ses nouveaux Sujets. Un hameau s'éleva pour eux dans une fertile vallée ; & Molina & le Cacique, reçus, logés dans le palais des enfans du Soleil, partagerent la confiance & la faveur du Monarque, avec les Héros Mexicains.

CHAPITRE XXII.

PIZARRE, de retour sur l'isthme, n'y avoit trouvé que des cœurs glacés, & rebutés par ses malheurs. Il vit bien que, pour imposer silence à l'envie, & pour inspirer son courage à des esprits intimidés, sa voix seule seroit trop foible; il prit la résolution de se rendre lui-même à la Cour d'Espagne, où il seroit mieux écouté.

Ce long voyage donna le temps à un rival ambitieux de tenter la même entreprise.

Ce fut Alvarado, l'un des compagnons de Cortès, & celui de ses Lieutenans qui s'étoit le plus signalé dans la conquête du Mexique.

La province de Gatimala étoit le prix de ses exploits; il la gouvernoit, ou plutôt il y dominoit en Monarque. Mais, toujours plus insatiable de richesse & de gloire, il regardoit d'un œil avide les régions du midi.

Dans ſon partage étoient tombés Amazili & Télaſco, la ſœur & l'ami d'Orozimbo : amans heureux, dans leur malheur, de vivre & de pleurer enſemble, de partager la même chaîne, & de s'aider à la porter. Il les tenoit captifs ; & il avoit appris, par un Indien, qu'Orozimbo & les neveux de Montezume, échappés au fer des vainqueurs, alloient chercher une retraite chez ces Monarques du midi, dont on lui vantoit les richeſſes. Il en conçut une eſpérance qui alluma ſon ambition.

Il avoit près de lui un Caſtillan appellé Gomès, homme actif, ardent, intrépide, auſſi prudent qu'audacieux. « J'ai » formé, lui dit-il, un grand deſſein : » c'eſt à toi que je le confie. Nous n'a» vons encore travaillé l'un & l'autre que » pour la gloire de Cortès. Nos noms ſe » perdent dans l'éclat du ſien. Il s'agit, » pour nous, d'égaler l'honneur de ſa

» conquête, & peut-être de l'effacer. Au » midi de ce Nouveau Monde, eſt un » Empire plus étendu, plus opulent que » celui du Mexique : c'eſt le Royaume des » Incas. Les neveux de Montezume ont » eſpéré d'y trouver un aſyle ; c'eſt par eux » que je veux gagner la confiance du » Monarque dont ils vont implorer l'ap- » pui. Le jeune & vaillant Orozimbo eſt » à leur tête ; ſa ſœur & l'amant de ſa » ſœur ſont au nombre de mes eſclaves ; » rien de plus vif & de plus tendre que » leur mutuelle amitié ; & celui qui leur » promettra de les réunir, en obtiendra » tout aiſément. Un vaiſſeau t'attend au » rivage, avec cent Caſtillans des plus » déterminés. Emmene avec toi mes cap- » tifs, Amazili & Télaſco ; emploie avec » eux la douceur, les ménagemens, les » careſſes ; aborde aux côtes du midi ; » envoie à la Cour des Incas donner avis » à Orozimbo que la liberté de ſa ſœur » & de ſon ami dépend de toi, & de » lui-même ; qu'ils l'attendent ſur ton

» navire ; & que la faveur des Incas, » l'accès de leur pays, l'heureuse intelli- » gence qu'il peut établir entre nous, est » le prix que je lui demande pour la ran- » çon des deux esclaves que tu es chargé » de lui rendre. Tu sens bien de quelle » importance est l'art de ménager cette » négociation, & avec quel soin les ôtages » doivent être gardés jusqu'à l'événement. » Je m'en repose sur ta prudence ; & dès » demain tu peux partir ».

Il fit venir les deux amants. « Allez » retrouver Orozimbo, leur dit-il ; je » vous rends à lui. Votre rançon est dans » ses mains ».

La surprise d'Amazili & de Télasco fut extrême : elle tint leur ame un moment suspendue entre la joie que leur causoit cette étrange révolution, & la frayeur que ce ne fût un piege. Ils trembloient ; ils se regardoient ; ils levoient les yeux sur leur maître, cherchant à lire dans les siens. Amazili lui dit : « Souverain de nos desti- » nées, que tu es cruel, si tu nous trompes !

» Mais que ton cœur eſt généreux, ſi » c'eſt lui qui nous a parlé ! – Je ne vous » trompe point, reprit le Caſtillan. Il » n'appartient qu'à des lâches d'inſulter » à la foibleſſe, & de ſe jouer du mal- » heur ; je ſais reſpecter l'un & l'autre. » Je plains le ſort de cet Empire, & je » vous plains encore plus, vous, de » qui la fortune paſſée rend la chûte » plus accablante. Oſez donc croire à » mes promeſſes, que vous allez voir » s'accomplir. – Ah ! lui dit Télaſco, je » t'ai vu porter la flamme dans le palais » de mes peres ; j'ai vu tes mains rougies » du ſang de mes amis ; enfin tu m'as » chargé de chaînes, & c'eſt le comble » de l'opprobre : mais quelques maux que » tu m'aies faits, ils ſeront oubliés ; je te » pardonne tout ; & ce qu'on ne croira » jamais, je te chéris & te révere. Vois » à quel point tu m'attendris. Moi, qui » jamais ne t'ai demandé que la mort, je » tombe à tes pieds, je les baiſe, je les » arroſe de mes pleurs ».

Alvarado les embraſſa avec une apparence de ſenſibilité. « Si vous êtes reconnoiſſans de mes bienfaits, leur dit-il, » le ſeul prix que j'oſe en attendre, c'eſt » que vous m'en ſoyez témoins auprès » du vaillant Orozimbo. Dites-lui que, » ſi je ſais vaincre, je ſais auſſi mériter » la victoire, & ménager mes ennemis, » quand la paix les a déſarmés ». Alors les deux captifs, emmenés au rivage, s'embarquerent ſur le vaiſſeau qui leva l'ancre au point du jour.

La courſe fut aſſez paiſible (*a*) juſques vers les îles Galapes; mais là, on ſentit s'élever, entre l'orient & le nord, un vent rapide, auquel il fallut obéir, & ſe voir pouſſer ſur des mers qui n'avoient point encore vu de voiles. Dix fois le ſoleil fit ſon tour, ſans que le vent fût appaiſé. Il tombe enfin; & bientôt après un calme profond lui ſuccede. Les ondes, violemment émues, ſe balancent long-temps encore après que le vent a ceſſé. Mais inſenſiblement leurs ſillons s'applaniſſent ; & ſur une mer immobile, le navire, comme enchaîné, cherche inutilement dans les airs un ſouffle qui l'ébranle ; la voile, cent fois déployée, retombe cent fois ſur les mâts. L'onde, le ciel, un horizon vague, où la vue a beau s'enfoncer dans l'abîme de l'étendue, un vuide profond & ſans bornes, le ſilence & l'immenſité, voilà ce que préſente aux matelots ce triſte & fatal hémiſphere. Conſternés, & glacés d'effroi, ils demandent au ciel des orages & des tempêtes ; & le ciel, devenu d'airain comme la mer, ne leur offre de toutes parts qu'une affreuſe ſérénité. Les jours, les nuits s'écoulent dans ce repos funeſte. Ce ſoleil, dont l'éclat naiſſant ranime & réjouit la terre ; ces étoiles, dont les nochers* aiment à voir briller les feux étincelans ; ce liquide cryſtal des eaux, qu'avec tant de plaiſir nous contemplons du rivage, lorſqu'il réfléchit la lumiere & répete l'azur des cieux, ne forment plus qu'un ſpectacle funeſte ; &

tout ce qui, dans la nature, annonce la paix & la joie, ne porte ici que l'épouvante, & ne présage que la mort.

Cependant les vivres s'épuisent. On les réduit, on les dispense d'une main avare & févere. La nature, qui voit tarir les sources de la vie, en devient plus avide; & plus les secours diminuent, plus on sent croître les besoins. A la disette enfin succede la famine, fléau terrible sur la terre, mais plus terrible mille fois sur le vaste abîme des eaux : car au moins sur la terre quelque lueur d'espérance peut abuser la douleur & soutenir le courage; mais au milieu d'une mer immense, écarté, solitaire, & environné du néant, l'homme, dans l'abandon de toute la nature, n'a pas même l'illusion pour le sauver du désespoir : il voit comme un abîme l'espace épouvantable qui l'éloigne de tout secours; sa pensée & ses vœux s'y perdent; la voix même de l'espérance ne peut arriver jusqu'à lui.

Les premiers accès de la faim se font

ſentir ſur le vaiſſeau : cruelle alternative de douleur & de rage, où l'on voyoit des malheureux étendus ſur les bancs, lever les mains vers le ciel, avec des plaintes lamentables, ou courir éperdus & furieux de la proue à la poupe, & demander au moins que la mort vînt finir leurs maux. Gomès, pâle & défait, ſe montre au milieu de ces ſpectres, dont il partage les tourmens. Mais, par un effort de courage, il fait violence à la nature. Il parle à ſes ſoldats, les encourage, les appaiſe, & tâche de leur inſpirer un reſte d'eſpérance, que lui-même il n'a plus.

Son autorité, ſon exemple, le reſpect qu'il imprime, ſuſpend un moment leur fureur. Mais bientôt elle ſe rallume comme le feu d'un incendie ; & l'un de ces malheureux, s'adreſſant au Capitaine, lui parle en ces terribles mots :

« Nous avons égorgé, ſans beſoin, » ſans crime, ou du moins ſans remords, » des milliers de Mexicains : Dieu nous

» les avoit livrés, disoit-on, comme des » victimes, dont nous pouvions verser le » sang. Un Infidele, une bête farouche, » sont égaux devant lui ; on nous l'a » répété cent fois. Tu tiens en tes mains » deux Sauvages ; tu vois l'extrêmité où » nous sommes réduits ; la faim dévore » nos entrailles. Livre-nous ces infortu- » nés, qui n'ont plus, comme nous, que » quelques moments à vivre, & auxquels » ta Religion t'ordonne de nous pré- » férer ».

« Si cette ressource pouvoit vous sau- » ver, leur répondit Gomès, je n'hésite- » rois pas ; je céderois, en frémissant, » à l'affreuse nécessité ; mais ce n'est pas » la peine d'outrager la nature, pour » souffrir quelques jours de plus. Mes » amis, ne nous flattons point : à moins » d'un miracle évident, il faut périr. » Dieu nous voit ; l'heure approche ; im- » plorons le secours du ciel ». Cette réponse les consterna ; & chacun s'éloignant, dans un morne silence, alla s'abandonner au désespoir qui lui rongeoit le cœur.

Dans un coin du vaisseau languissoient en silence Amazili & Télasco. Plus accoutumés à la souffrance, ils la supportoient sans se plaindre; seulement ils se regardoient d'un œil attendri & mourant, & ils se disoient l'un à l'autre: « Je ne » verrai plus mon frere, je ne verrai plus » mon ami ».

Les Castillans, d'un air sombre & farouche, errans sans cesse autour d'eux, les regardoient avec des yeux ardens, & suivoient impatiemment les progrès de leur défaillance. A l'approche des Castillans, à leurs regards avides, à leurs frémissemens, aux mouvemens de rage qu'ils retenoient à peine, Télasco qui croyoit les voir, comme des tigres affamés, prêts à déchirer son amante, se tenoit près d'elle avec l'inquiétude de la lionne qui garde ses lionceaux. Ses yeux étincelans étoient sans cesse ouverts sur eux, & les observoient sans relâche. Si quelquefois il ſe ſentoit forcé de céder au ſommeil, il frémiſſoit, il ſerroit dans ſes bras ſa tendre Amazili. « Je ſuccombe, lui diſoit-» il; mes yeux ſe ferment malgré moi; » je ne puis plus veiller à ta défenſe. » Les cruels ſaiſiront peut-être l'inſtant » de mon ſommeil, pour ſe ſaiſir de leur » proie. Tenons-nous embraſſés, ma » chere Amazili; que du moins tes cris » me réveillent ».

Gomès, qui lui-même obſervoit les mouvemens des Eſpagnols, leur fit donner quelque ſoulagement, du peu de vivres qui reſtoient, & les contint pendant ce jour funeſte. La nuit vint, & ne fut troublée que par des gémiſſemens. Tout étoit conſterné, tout reſta immobile.

Amazili, d'une main défaillante, preſſant la main de Télaſco: « Mon ami, » ſi nous étions ſeuls, je te demanderois, » dit-elle, de m'épargner une mort lente, » de me tuer pour te nourrir, heureuſe » d'avoir pour tombeau le ſein de mon » amant, & d'ajouter mes jours aux tiens!

» Mais ces brigands t'arracheroient mes » membres palpitans ; &, à ton exemple, » ils croiroient pouvoir te déchirer toi-» même, & te dévorer après moi. C'eſt » là ce qui me fait frémir. — O toi, lui ré-» pondit Télaſco, ô toi, qui me fais encore » aimer la vie, & réſiſter à tant de maux, » que t'ai-je fait, pour deſirer que je te » ſurvive un moment ? Si je croyois que » ce fût un bien de prolonger les jours » de ce qu'on aime, en lui ſacrifiant les » ſiens, crois-tu que j'euſſe tant tardé à » me percer le ſein, à me couper les » veines, & à t'abreuver de mon ſang ? » Il faut mourir enſemble : c'eſt l'unique » douceur que notre affreux deſtin nous » laiſſe. Tu es la plus foible, & ſans » doute tu ſuccomberas la premiere ; » alors, s'il m'en reſte la force, je cole-» rai mes levres ſur tes levres glacées, » &, pour te ſauver des outrages de ces » barbares affamés, je te traînerai ſur la » poupe, je te ſerrerai dans mes bras, » & nous tomberons dans les flots, où

» nous ſerons enſevelis ». Cette penſée adoucit leur peine ; & l'abîme des eaux, prêt à les engloutir, devint pour eux comme un port aſſuré.

Avec le jour, enfin ſe leve un vent frais, qui ramene l'eſpérance & la joie dans l'ame des Caſtillans. Quelle eſpérance, hélas ! Ce vent s'oppoſe encore à leur retour vers l'orient, & va les pouſſer plus avant ſur un océan ſans rivages. Mais il les tire de ce repos, plus horrible que tout le reſte ; & quelque route qu'il faille ſuivre, elle eſt pour eux comme une voie de délivrance & de ſalut.

On préſente la voile à ce vent ſi deſiré ; il l'enfle ; le vaiſſeau s'ébranle, & ſur la ſurface ondoyante de cette mer, ſi longtemps immobile, il trace un vaſte ſillon. L'air ne retentit point de cris : la foibleſſe des matelots ne leur permit que des ſoupirs & que des mouvemens de joie. On vogue, on fend la plaine humide, les yeux errans ſur le lointain, pour découvrir, s'il eſt poſſible, quelque apparence de rivage. Enfin, de la cime du mât, le matelot croit appercevoir un point fixe vers l'horizon. Tous les yeux se dirigent vers ce point éminent, & qui leur paroît immobile. C'est une île ; on l'ose espérer ; le Pilote même l'assure. Les cœurs, flétris, s'épanouissent ; les larmes de la joie commencent à couler ; & plus la distance s'abrege, plus la confiance s'accroît.

Tout occupé du soin de ranimer ses soldats défaillans, Gomès leur fait distribuer le peu de vivres qu'on réservoit pour le soutien des matelots. « Amis, dit-il, avant » la nuit nous aurons embrassé la terre, » & nous oublierons tous nos maux ».

Ces secours furent inutiles au plus grand nombre des Espagnols. Les organes, trop affaiblis, avoient perdu leur activité. Les uns mouroient en dévorant le pain dont ils étoient avides ; les autres, en frémissant de rage de ne pouvoir plus engloutir l'aliment qu'on leur présentoit, & en maudissant la pitié qui les avoit fait s'abstenir de la chair & du ſang humain. Quelques-uns, adoucis par la foibleſſe & la ſouffrance, libres de paſſions, rendus à la nature, guéris de ce délire affreux où le fanatiſme & l'orgueil les avoient plongés, déteſtoient leurs erreurs, leurs préjugés barbares ; & devenus humains, voyoient enfin des hommes dans ces malheureux Indiens, qu'ils avoient ſi cruellement & ſi lâchement tourmentés. Ceux-là, tendant les mains au ciel, imploroient ſa miſéricorde ; ceux-ci tournoient leurs yeux mourans vers les eſclaves Mexicains ; & les traits douloureux du repentir étoient empreints ſur leur viſage. L'un d'eux, faiſant un dernier effort, ſe traîne aux pieds de Télaſco, & d'une voix entrecoupée par les ſanglots de l'agonie : « Pardonne-moi, » mon frere, lui dit-il » ; & à ces mots il expira.

*

NOTE.

(*a*) *LA course fut assez paisible*]. Dans un conte très-intéressant, intitulé *Ziméo*, imprimé à la suite du Poëme des Saisons, se trouve une description assez semblable à celle-ci. Mais j'ai pris soin de constater que cette partie de mon Ouvrage étoit écrite, & connue de mes amis, avant que le conte de Ziméo fût fait. L'Auteur l'a reconnu lui-même, & m'a permis de l'en prendre à témoin.

CHAPITRE XXIII.

CEPENDANT le rivage approche. On voit des forêts verdoyantes s'élever au-dessus des eaux : c'étoient les îles, qui depuis sont devenues célebres sous le nom de *Mendoce*. On aborde, & on voit sortir d'un canal qui sépare ces îles fortunées, une multitude de barques qui environnent le vaisseau. Ces barques sont remplies de Sauvages, d'une gaieté & d'une beauté ravissante, presque nuds, désarmés, & portant dans la main des rameaux verds, où flotte un voile blanc, en signe de paix & de bienveillance.

Le malheur avoit amolli le cœur des Castillans, & brisé leur orgueil farouche. L'éloignement & l'abandon leur avoient appris à aimer les hommes ; car le sentiment du besoin est le premier lien de la société. Pour être humain, il faut s'être reconnu foible. Attendris de l'accueil plein de bonté, que leur font les Sauvages, ils y répondent par les ſignes de la joie & de l'amitié. Les Inſulaires ſans défiance, s'élancent à l'envi de leurs barques ſur le vaiſſeau; & voyant ſur tous les viſages la langueur & la défaillance, ils en paroiſſent attendris : leur empreſſement & leurs careſſes expriment la compaſſion, & le deſir de ſoulager leurs hôtes.

Le Capitaine n'héſita point à ſe livrer à leur bonne foi. Un port formé par la nature, ſervit d'aſyle à ſon vaiſſeau; & lui & les ſiens deſcendirent dans celle de ces îles (*a*) dont le bord leur parut le plus riche & le plus riant.

Les Inſulaires enchantés les conduiſent dans leur village, au bas d'une colline, ſur le bord d'un ruiſſeau, qui d'un rocher coule avec abondance, & ſerpente dans un vallon, dont la nature a fait le plus riant verger. Les cabanes de ce hameau ſont revêtues de feuillages; l'induſtrie, éclairée par le beſoin, y a réuni tous les agrémens de la ſimplicité. Le nœud fragile, qui, pendant la nuit, ferme l'entrée de ces cabanes, eſt le ſymbole heureux de la ſécurité, compagne de la bonne foi. La lance, l'arc & le carquois ſuſpendus ſous ces toits paiſibles, n'annoncent qu'un peuple chaſſeur : la guerre lui eſt inconnue.

D'abord les Sauvages invitent leurs hôtes à ſe repoſer ; & à l'inſtant, de jeunes filles, belles comme les nymphes, & comme elles à demi nues, apportent dans des corbeilles les fruits que leurs mains ont cueillis. Il en eſt un (*) que la nature ſemble avoir deſtiné, comme un lait nourriſſant, à ranimer l'homme affoibli par la vieilleſſe ou par la maladie. Ce fruit ſi délicat, ſi ſain, ſembla faire couler la vie dans les veines des Caſtillans. Un doux ſommeil ſuivit ce repas ſalutaire ; & le peuple autour des cabanes ſe tint dans le ſilence, tandis que ſes hôtes dormoient.

(*) Les voyageurs l'appellent *blanc-manger*.

A leur réveil, ils virent ce bon peuple, se rassemblant le soir sous des palmiers plantés au milieu du hameau, les inviter à son repas. Des légumes, d'excellens fruits, une racine savoureuse dont ils font un pain nourrissant, des tourterelles, des palombes, les hôtes des bois & des eaux, que la fleche a blessés, qu'a séduit l'hameçon; une eau pure, quelques liqueurs qu'ils savent exprimer des fruits, & dont ils font un doux mêlange : tels sont les mets & les breuvages dont ce peuple heureux se nourrit.

Tandis que le repos, l'abondance, la salubrité du climat réparoient les forces des Castillans, Gomès observoit à loisir les mœurs, ou plutôt le naturel des Insulaires; car ils ne connoissoient de loix que celles de l'instinct. L'affluence de tous les biens, la facilité d'en jouir, ne laissoit jamais au desir le temps de s'irriter dans leurs ames. S'envier, se haïr entre eux, vouloir se nuire l'un à l'autre, auroit passé pour un délire. Le méchant parmi eux étoit un insensé,

inſenſé, & le coupable un furieux. De tous les maux dont ſe plaint l'humanité dépravée, le ſeul qui fût connu de ce peuple, étoit la douleur. La mort même n'en étoit pas un; ils l'appelloient *le long ſommeil*.

L'égalité, l'aiſance, l'impoſſibilité d'être envieux, jaloux, avare, de concevoir rien au-delà de ſa félicité préſente, devoient rendre ce peuple facile à gouverner. Les vieillards, réunis, formoient le conſeil de la République; & comme l'âge diſtinguoit ſeul les rangs entre les citoyens, & que le droit de gouverner étoit donné par la vieilleſſe, il ne pouvoit être envié.

L'amour ſeul auroit pu troubler l'harmonie & l'intelligence d'une ſociété ſi douce; mais paiſible lui-même, il y étoit ſoumis à l'empire de la beauté. Le ſexe fait pour dominer par l'aſcendant du plaiſir, avoit l'heureux pouvoir de varier, de multiplier ſes conquêtes, ſans captiver l'amant favoriſé, ſans jamais s'engager ſoi-même. La laideur, parmi eux, étoit un prodige; & la beauté, ce don par-tout ſi rare, l'étoit ſi peu dans ce climat, que le changement n'avoit rien d'humiliant ni de cruel : ſûr de trouver à chaque inſtant un cœur ſenſible & mille attraits, l'amant délaiſſé n'avoit pas le temps de s'affliger de ſa diſgrace, & d'être jaloux du bonheur de celui qu'on lui préféroit. Le nœud qui lioit deux époux, étoit ſolide ou fragile à leur gré. Le goût, le deſir le formoit; le caprice pouvoit le rompre; ſans rougir on ceſſoit d'aimer, ſans ſe plaindre on ceſſoit de plaire; dans les cœurs la haine cruelle ne ſuccédoit point à l'amour; tous les amans étoient rivaux; tous les rivaux étoient amis; & chacune de leur compagne voyoit en eux, ſans nul ombrage, autant d'heureux qu'elle avoit faits, ou qu'elle feroit à ſon tour. Ainſi la qualité de mere étoit la ſeule qui fût perſonnelle & diſtincte : l'amour paternel embraſſoit toute la race naiſſante; & par-là les liens du ſang, moins étroits & plus étendus, ne faiſoient de ce Peuple entier qu'une ſeule & même famille.

Les Eſpagnols ne ceſſoient d'admirer des mœurs ſi nouvelles pour eux. La nuit, ce peuple hoſpitalier, leur cédant ſes cabanes, n'en avoit réſervé que quelques-unes pour les vieillards, pour les enfans & pour les meres. La jeuneſſe, au bord du ruiſſeau qui ſerpentoit dans la prairie, n'eut pour lit que l'émail des fleurs, pour aſyle que le feuillage du platane & du peuplier. On les vit, dans leurs danſes, ſe choiſir deux à deux, s'enchaîner de fleurs l'un à l'autre; & quand le jour ceſſa de luire, quand l'aſtre de la nuit, au milieu des étoiles, fit briller ſon arc argenté, cette foule d'amans, répandue ſur un beau tapis de verdure, ne fit que paſſer doucement de la joie à l'amour, & des plaiſirs au ſommeil.

Le lendemain ce fut un nouveau choix, qui, dès le jour ſuivant, fit place à des amours nouvelles. La marque d'amour la plus tendre qu'une jeune Inſulaire pût donner à son amant, étoit d'engager ses compagnes à le choisir à leur tour. Il eût été humiliant pour elle de le posséder seule ; & plus, en vantant son bonheur, elle lui procureroit de nouvelles conquêtes, plus il étoit enchanté d'elle, & lui revenoit glorieux.

Quelle espece de culte pouvoit avoir ce Peuple? On desiroit de s'en instruire; on crut enfin le démêler. On vit dans une enceinte que l'on prit pour un temple, quelques statues révérées. Gomès voulut savoir quelle idée ces Insulaires y attachoient. Le vieillard qu'il interrogeoit, lui répondit : « Tu vois nos cabanes; » voilà l'image de celui qui nous apprit » à les élever. Tu vois cet arc & ce car» quois; voilà l'inventeur de ces armes. » Tu nous a vus tirer du feu du froissement » du bois, & du choc des cailloux; voilà » celui qui le premier découvrit à nos » peres ce secret merveilleux. Regarde ces » tissus d'écorce, dont nous sommes à » demi vêtus; l'art de les travailler nous

» eſt venu de celui-ci. Celui-là nous apprit » à nouer les filets où les oiſeaux & les » poiſſons s'engagent. Près de lui ſe pré- » ſente l'induſtrieux mortel qui nous a » montré l'art de creuſer les canots, & » de fendre l'onde à la rame. Cet autre » imagina de tranſplanter les arbres, & » il forma ce beau portique, dont le ha- » meau eſt ombragé. Enfin tous ſe ſont » ſignalés par quelque bienfait rare ; & » nous honorons les images qui nous re- » préſentent leurs traits ».

NOTE.

(a) *DANS celle de ces îles*]. On l'a nommée depuis l'Iſle Chriſtine. A neuf degrés de latitude méridionale. Cet épiſode étoit écrit long-temps avant la découverte de l'île Ataïti, d'après les anciennes relations des voyages faits dans la mer du Sud.

CHAPITRE XXIV.

Des malheureux, à peine échappés aux dangers les plus effroyables, ayant trouvé dans cette île enchantée le repos, l'abondance, l'égalité, la paix, devoient être peu disposés à la quitter, pour traverser les mers, où les mêmes horreurs les attendoient peut-être encore. Un nouveau charme vint s'offrir, & acheva de les captiver.

On les invita aux danses nuptiales, à ces danses qui, sur le soir, rassembloient dans la prairie les jeunes amans du hameau, & dans lesquelles un nouveau choix varioit tous les jours les nœuds & les charmes de l'hyménée. Gomès s'opposa vainement aux instances des Indiens: il vit qu'il les affligeroit, & qu'il révolteroit sa flotte, s'il obligeoit les siens à résister aux plaisirs qui les appelloient. Tout ce qu'il put lui-même, fut de se refuser à cet attrait si dangereux, & de ne pas donner l'exemple.

Amazili & Télasco, depuis leur séjour dans cette île, rappellés à la vie, chéris des Indiens, libres parmi les Espagnols, ne respiroient que pour s'aimer. Ils ne se quittoient pas; ils jouissoient ensemble des douceurs de ce beau climat, des délices de leur asyle : il ne manquoit à leur bonheur que de posséder Orozimbo. Ils furent aussi conviés aux danses de la prairie. Jamais Amazili ne voulut consentir à s'y mêler. « S'il n'y avoit que des Sau» vages, dit-elle à Télasco, je n'hésiterois » pas. Ils laissent à leurs femmes la liberté » du choix; & tu serois bien sûr du mien. » Si une plus belle que moi te choisissoit » aussi, je serois préférée, je le crois; » & s'il arrivoit qu'elle fût plus belle à » tes yeux, je reviendrois pleurer dans » la cabane, & je dirois : il est heureux » avec une autre que moi. Mais non, » cela n'est pas possible; & ce n'est pas la » crainte de te voir infidele qui m'inquiete

» & me retient ; c'eſt l'orgueil jaloux de » nos maîtres, que je ne veux pas irriter. » Quelqu'un d'eux prétendroit peut-être » au choix de ton amante : ils ſont fiers, » violens ; ils ſeroient offenſés de voir » préférer leur eſclave. Ah ! leur eſclave » ſera toujours le maître abſolu de mon » cœur. Fais donc entendre aux Inſulaires » que notre choix eſt fait, que nous » ſommes heureux d'être uniquement l'un » à l'autre ; ou, ſi quelqu'une de ces beau- » tés te touche plus que moi, va te mon- » trer au milieu d'elles : tous leurs vœux » ſe réuniront ; tu n'auras qu'à choiſir ; » & moi je te ſerai fidelle, &, en pleu- » rant, je dirai au ſommeil de me laiſſer » ſonger à toi ». Cette ſeule penſée fai- ſoit couler ſes larmes. Le Cacique les eſſuya par mille baiſers conſolans. « Qui, » moi, dit-il, que je reſpire, que mon » cœur palpite un inſtant pour une autre » qu'Amazili ! Ne le crains pas ; ce ſeroit » une injure. J'ai voulu, je l'avoue, aſſiſter » à ces danſes, pour me voir préférer par

» toi : car tu ſais que j'aime la gloire ; » & il eſt doux d'être envié. Mais, puiſ- » que tu crains d'exciter la jalouſie des » Caſtillans, je cede à tes raiſons. Soyons » fidellement unis ; & laiſſons à ces mal- » heureux, qui ne connoiſſent point » l'amour, les vains plaiſirs de l'inconſ- » tance ». On fut ſurpris de leur refus ; mais on n'en fut point offenſé.

L'enchantement des Eſpagnols, dans cette fête voluptueuſe, ſe conçoit mieux qu'on ne peut l'exprimer. Environnés d'une foule de jeunes femmes, belles de leurs ſimples attraits, ſans parure & preſque ſans voile, faites par les mains de l'amour, douées des graces de la nature, vives, légeres, animées par le feu de la joie & l'attrait du plaiſir, ſouriant à leurs hôtes, & leur tendant la main avec des regards enflammés, ils étoient comme dans l'ivreſſe ; & leur raviſſement reſſembloit au délire du plus délicieux ſommeil.

Les Indiennes, dans leurs danſes,

ſembloient toutes ſe diſputer la conquête des Caſtillans : ainſi l'exigeoit le devoir de l'hoſpitalité. Ils firent donc un choix eux-mêmes ; mais, le jour ſuivant, la beauté reprit ſes droits, & choiſit à ſon tour. Alors, ce caprice bizarre que notre orgueil a engendré, & que nous appellons l'amour, cette paſſion triſte, inquiete & jalouſe, commence à verſer ſes poiſons dans l'ame des Caſtillans. Ils prétendent détruire la liberté du choix, en uſurper les droits eux-mêmes. Ils menacent les Inſulaires ; ils intimident leurs compagnes ; ils effarouchent les plaiſirs.

Gomès reçut, à ſon réveil, les juſtes plaintes des Indiens. « Tu nous as amené, » lui dirent-ils, des bêtes féroces, & non » pas des hommes. Nous les rappellons » à la vie ; nous partageons avec eux » les dons que nous fait la nature ; nous » les invitons à nos jeux, à nos feſtins, » à nos plaiſirs ; & les voilà qui nous » menacent & qui nous glacent de frayeur.

» Ils veulent, entre nos compagnes, choi-
» ſir, & ſe voir préférés. Qu'ils ſachent
» que le premier droit de la beauté c'eſt
» d'être libre. Nos femmes ſont toutes
» charmantes ; & c'eſt leur faire injure,
» que de vouloir gêner leur choix. Si
» tes compagnons veulent vivre en bonne
» intelligence avec nous, qu'ils tâchent
» de nous reſſembler ; qu'ils ſoient bien-
» faiſans & paiſibles. S'ils ſont méchans,
» remmene-les ».

Gomès ſentit tout le danger de la licence qu'il avoit donnée, & vit les ſuites qu'elle auroit, s'il tardoit à les prévenir. Mais l'ivreſſe, l'égarement où les eſprits étoient plongés, rendit ſes efforts inutiles. Au mépris de la diſcipline, le déſordre alloit en croiſſant. Les Soldats ſe diſoient entre eux, que leur retour étoit impoſſible vers le rivage Américain ; que le vent d'orient, qui régnoit ſur ces mers, s'oppoſeroit à leur paſſage ; que, par un miracle viſible, le ciel les avoit conduits dans un aſyle fortuné, où l'on vivoit exempt de fatigue & de soins, & au milieu de l'abondance; que, résolus de s'y fixer, ils n'avoient plus d'autre patrie, & ne connoissoient plus de Chef auquel ils dussent obéir. C'en étoit fait, si les Insulaires, révoltés de l'ingratitude & de l'orgueil des Castillans, n'avoient pris eux-mêmes la résolution & le moyen de s'en délivrer.

Une nuit, forcés de céder à l'arrogance impérieuse de leurs hôtes, & les laissant s'abandonner aux charmes des plaisirs, aux douceurs du sommeil, ils se saisirent de leurs armes, & les jeterent dans la mer.

Gomès, instruit de ce désastre, assembla les siens, & leur dit: « Nos armes » nous sont enlevées. Ce Peuple se venge: » il s'est lassé de vos mépris. Plus adroit » que nous, plus agile, il seroit aussi » courageux. Mieux que nous il feroit » usage de la fleche & du javelot. Il » connoît les retranchemens de ses bois » & de ses montagnes; & dès îles voisines,

» les Peuples ſes amis l'aideroient à nous » accabler. Laiſſez-moi donc vous ména- » ger une retraite aſſurée ; &, en atten- » dant, évitez tout ce qui peut troubler la » paix ».

A ce diſcours, les Caſtillans furent interdits & troublés. Les plus intrépides pâlirent ; les plus impétueux ſe ſentirent glacés. Alors un vieillard ſe préſente, & parle ainſi aux Caſtillans : « Il y eut, » du temps de nos peres, un méchant » parmi eux : il vouloit dominer ; il vou- » loit que tout lui cédât, que tout ne » fût fait que pour lui. Nos peres le ſai- » ſirent, quoiqu'il fût fort & vigoureux ; » ils lui lierent les pieds & les mains » avec la branche du ſaule, & le jeterent » dans la mer. Nous n'y avons jeté que » vos armes. Éloignez-vous, & nous » laiſſez en paix. Nous voulons être heu- » reux & libres. Vous avez cette plaine » immenſe de l'océan à traverſer ; nous » vous donnerons, pour le voyage, du » bois, de l'eau, des vivres ; mais ne

» différez pas. Pour vous, dit-il aux » deux Mexicains, vous avez le choix » de rester avec nous, ou de partir avec » eux : car tout ce qui respire l'air que » nous respirons, devient libre comme » nous-mêmes. Ici la force n'est employée » qu'à protéger la liberté ».

Les Castillans, indignés de s'entendre faire la loi, se plaignirent, & accuserent les Indiens de trahison. « Nous ne vous » avons point trahis, reprit le vieillard » Indien. Vos armes vous donnoient sur » nous trop d'avantage; & vous en avez » abusé. Nous vous avons réduits, comme » il est juste, à l'égalité naturelle. A pré- » sent, voulez-vous la paix? Nous l'ai- » mons; & vous partirez de ces bords, » sans avoir reçu de nous la plus légere » offense. Voulez-vous la guerre? Nous la » détestons; mais la liberté nous est plus » chere que la vie. Vous aurez le choix » du combat. Nous partagerons avec vous » nos fleches & nos javelots; & nous » nous détruirons, jusqu'à ce qu'il ne reste

» aucun de vous pour nous faire injure, » ou aucun de nous pour la souffrir ».

Ce courage vulgaire, qui n'est dans l'homme qu'un sentiment de supériorité, abandonna les Castillans. Ils se repentirent d'avoir aliéné un Peuple si brave & si juste ; & ils supplierent Gomès de les réconcilier ensemble. Gomès n'eut garde d'engager les Indiens à se laisser fléchir ; & dès-lors toute liaison fut rompue entre les deux Peuples. Mais les devoirs de l'hospitalité n'en étoient pas moins observés. La même abondance régnoit dans les cabanes des Castillans ; & leur navire fut pourvu de tout ce qu'exigeoit la longueur du voyage.

Amazili & Télasco n'eurent pas longtemps à se consulter. « Renoncerons-nous » à revoir ton frere & mon ami, dit Télasco à son amante ? Non, dit-elle ; je ne » puis vivre sur des bords où je serois » sûre de ne le revoir jamais. Gomès » nous donne l'espérance de nous re» joindre à lui ; partons ».

Rien de plus rare, ſur ces mers, que de voir les vents de l'aurore céder à celui du couchant (*a*). Gomès fut long-temps à l'attendre ; & lorſqu'il le vit s'élever, il en rendit graces au ciel, comme d'un prodige opéré pour favoriſer ſon retour. Il aſſemble les ſiens. « Compagnons, leur » dit-il, n'attendons pas que l'on nous » chaſſe. Le vent nous ſeconde ; partons, » & partons ſans regret : cette terre in- » connue n'eût été pour nous qu'un tom- » beau. Vivre ſans gloire, ce n'eſt pas » vivre. Être oublié, c'eſt être enſeveli. » Allons chercher des travaux qui laiſſent » de nous quelque trace. L'influence de » l'homme ſur le deſtin du monde, eſt la » ſeule exiſtence honorable pour lui, la » ſeule au moins digne de nous ».

L'homme ſe fait par habitude un cercle de témoins, dont la voix eſt pour lui l'organe de la renommée. Il exiſte dans leur penſée ; il vit de leur opinion. Rompre à jamais, entre eux & lui, ce commerce qui l'agrandit, qui le répand hors

hors de lui-même, c'eſt l'environner d'un abîme, c'eſt le plonger dans une nuit profonde. Auſſi ces mots que prononça Gomès, frapperent-ils les Caſtillans d'un trait foudroyant de lumiere ; & ils ne purent, ſans frayeur, ſe voir, pour le reſte du monde, au rang des morts, dont le nom même & la mémoire avoient péri.

Ce moment étoit favorable ; & Gomès le ſaiſit pour précipiter ſon départ. On le ſuit ; on s'embarque, on dégage les ancres, on livre les voiles au vent. Les Indiens, triſtement raſſemblés ſur le rivage, voyant le vaiſſeau s'éloigner, diſoient en ſoupirant : « Que vont-ils de» venir ? Ils étoient ſi bien parmi nous ! » Pourquoi ne pas y vivre en paix ? Ils » nous appelloient leurs amis, & nous » ne demandions qu'à l'être. Mais non : » ils ſont méchans ; qu'ils partent. Ils nous » auroient rendus méchans ».

Les Caſtillans, de leur côté, regrettoient cette île charmante. Tous les yeux y étoient attachés; tous les cœurs gémiſſoient de la voir s'éloigner. Enfin elle échappe à leur vue; & les ſoucis d'un long & pénible voyage viennent ſe mêler aux regrets d'avoir quitté ce beau ſéjour.

NOTE.

(*a*) *Les vents de l'aurore céder à celui du couchant*]. Cela n'arrive qu'au décours de la lune.

J. M. Moreau le J.ne inv. — N. De Launay Sculp.

Ah! laiße moi, et sauve Telasco.

CHAPITRE XXV.

BIENTÔT l'inconſtance des vents ſe fit ſentir, & tint la flotte dans de continuelles allarmes; mais ils ne firent que décliner alternativement vers l'un ou l'autre pôle; & l'art du Pilote ne s'exerça qu'à diriger ſa courſe vers l'aurore, ſans s'écarter de l'équateur.

Le trajet fut long, mais tranquille, juſqu'à la vue du Pérou. Le naufrage les attendoit au port; & le ciel voulut qu'Orozimbo fût témoin du déſaſtre qui vengeoit ſa patrie ſur ces malheureux Caſtillans.

Alonzo, dans l'attente du retour de Pizarre, avoit preſſé l'Inca, roi de Quitto, de ſe mettre en défenſe. « Il n'eſt pas » beſoin, diſoit-il, d'élever des remparts » ſolides; des murs de ſable & de gazon » ſuffiſent pour rebuter les Caſtillans. De » tous les dangers de la guerre ils ne

» craignent que les lenteurs. C'eſt à » Tumbès qu'ils vont deſcendre ; c'eſt » ce port qu'il faut protéger ».

Ce plan de défenſe approuvé, Alonzo ſe chargea lui-même d'aller préſider aux travaux. Orozimbo voulut le ſuivre ; & par les champs de Tumibanba, ils ſe rendirent à Tumbès. Le retour du jeune Eſpagnol chez ce Peuple, ſon premier hôte, fut célébré par des tranſports de reconnoiſſance & d'amour. « Eh quoi ! » lui dit le bon Cacique, tu ne m'as donc » pas oublié ? Tu as bien raiſon ! Mon » Peuple & moi, nous n'avons ceſſé de » parler du généreux & cher Alonzo. Ils » m'ont demandé que le jour où tu vins » parmi nous, fût célébré, tous les ans, » comme une fête. Tu crois bien que j'y » ai conſenti. C'en eſt une de te revoir ; » & les larmes de joie que tu nous vois » répandre, en ſont de fideles témoins ».

Les travaux, qu'Alonzo dirige, commencent dès le jour ſuivant, & ſont pouſſés avec ardeur. Ils s'avançoient ; le fort qui dominoit la plaine, & qui menaçoit le rivage, excitoit l'admiration des Indiens qui l'avoient élevé. Un soir, qu'avec Orozimbo & le Cacique de Tumbès, Alonzo parcouroit l'enceinte du fort, & s'entretenoit avec eux de cette fureur de conquête qui avoit saisi les Espagnols, & qui dépeuploit leur pays pour dévaster un nouveau monde, il apperçut de loin le vaisseau de Gomès, qui s'avançoit à voiles déployées. Il regarde; & ne doutant pas que ce ne fût le vaisseau de Pizarre: « Les voilà, les voilà, dit-il. Quelle » diligence incroyable a si fort pressé » leur retour? Le ciel les seconde; les » vents semblent leur obéir ». Comme il disoit ces mots, tout-à-coup, au milieu d'une sérénité perfide, un tourbillon de vent s'éleve sur la mer. Les flots, qu'il roule sur eux-mêmes, s'enflent en écumant, & semblent bouillonner. Dans le même instant, un nuage, roulé comme les flots, s'abaisse, s'étend, s'arrondit, ſe prolonge en colonne ; & cette colonne fluide, dont la baſe touche à la mer, forme une pompe, où l'onde émue, cédant au poids de l'air qui la preſſe à l'entour, monte juſqu'au nuage, & va lui ſervir d'aliment.

Molina reconnut ce prodige, ſi redouté des matelots, qui lui ont donné le nom de *trombe* ; &, à la vue du danger qui menaçoit les Caſtillans, il oublia leurs crimes, les maux qu'ils avoient faits, les maux qu'ils alloient faire encore ; il ſe ſouvint ſeulement que leur patrie étoit la ſienne ; & ſon cœur fut ſaiſi de crainte & de compaſſion.

Gomès eut beau ſe hâter de faire ployer les voiles, pour ne pas donner priſe au tourbillon rapide qui enveloppoit ſon vaiſſeau, le vent le ſaiſit, l'entraîna juſques ſous la colonne d'eau, qui, rompue par les antennes, tomba, comme un déluge, ſur le navire, & l'engloutit.

« Le ciel eſt juſte, s'écria Orozimbo.

» Ainsi périssent tous les brigands qui ont » ravagé mon pays. — Cacique, lui dit » Molina, réservez votre haine & vos » malédictions pour les heureux cou- » pables. Le malheur a le droit sacré » de purifier ses victimes ; & celui que » le ciel punit, devient comme innocent » pour nous ». Orozimbo rougit de la joie inhumaine qu'il venoit de faire éclater. « Pardon, dit-il. J'ai tant souffert ! » j'ai tant vu souffrir ma patrie » !

Le calme renaît. La colonne & le navire ont disparu. Mais, peu d'instans après, on apperçut de loin deux malheureux échappés du naufrage, qui nageoient à l'aide d'un banc, dont ils s'étoient saisis. « Ah ! s'écrie Orozimbo, » ils respirent encore : il faut les secou- » rir. Cacique, hâtez-vous ; détachez » des canots, pour les sauver, s'il est » possible. Je vais au-devant d'eux ». Il dit, & soudain se jette à la nage. Un canot le suivit de près, & le joignit avant qu'il eût atteint le bois flottant au gré de l'onde, que ces malheureux embrassoient.

Ces malheureux étoient sa sœur & son ami, qui prévoyant la chûte de la trombe, s'étoient élancés dans les eaux, plus hardis que les Castillans, & plus exercés à la nage. « On vient à nous; » courage, ma chere Amazili, disoit » Télasco : soutiens toi; nous touchons » au salut. – Ah! je succombe, disoit- » elle; ma foiblesse est extrême; mes » défaillantes mains vont abandonner » leur appui. Si l'on tarde un moment » encore, c'en est fait, tu ne me verras » plus ».

Cependant leur libérateur, monté sur le canot, fait redoubler l'effort des rames. Il arrive, il se panche, il tend les bras: « Venez, dit-il, ô qui que vous » soyez, vous êtes nos amis, puisque vous » êtes malheureux ». Le péril, le trouble, l'effroi, l'image de la mort présente, empêcha de le reconnoître. Amazili saisit la main qu'il lui tendoit. Il la prend dans ſes bras, l'enleve, & reconnoît ſa ſœur, une ſœur adorée. Il jette un cri. « Ciel! » eſt-ce toi! ma ſœur! ma chere Amazili! » Ah! laiſſe-moi, dit-elle, d'une voix » expirante, & ſauve Télaſco ». A ce nom, Orozimbo la laiſſant étendue au milieu des rameurs, s'élance dans les flots, où ſon ami ſurnage encore; il le ſaiſit par les cheveux, dans le moment qu'il enfonçoit, regagne la barque, y remonte, & y enleve ſon ami.

Télaſco, qui l'a reconnu, ſuccombe à ſa joie; il l'embraſſe; & ſentant ſes genoux ployer, il tombe auprès d'Amazili. Orozimbo, qui croit les voir expirer l'un & l'autre, les appelle à grands cris. Télaſco revient le premier d'un long évanouiſſement, mais c'eſt pour partager la crainte & la douleur de ſon ami. Livide, glacée, étendue entre ſon frere & ſon amant, Amazili reſpire à peine. Orozimbo ſur ſes genoux ſoutient ſa tête languiſſante, dont les yeux ſont fermés encore; & ſur ce viſage, où ſe peint la pâleur de la mort, il verſe un déluge de larmes. Télaſco cherche inutilement, à travers ſa paupiere, quelques étincelles de vie. « Tu reſpires, lui diſoit-il ; mais » tu as perdu le ſentiment. Tu n'entends » plus ma voix ! Ton ame va-t-elle » s'éteindre, & ton cœur ſe glacer ? » Après tant de périls, après t'avoir » ſauvée, ô moitié de mon ame ! la » mort, la mort cruelle te ſaiſit dans » nos bras ! O mon cher Orozimbo, le » jour qui nous raſſemble ſera-t-il le plus » malheureux de tes jours & des miens ! » N'as-tu revu ta ſœur que pour l'en- » ſevelir ? N'as-tu embraſſé ton ami, » ne l'as-tu retiré des flots que pour le » voir, déſeſpéré, s'y précipiter pour ja- » mais » ?

Cependant le canot avoit abordé au rivage ; & le Cacique & Molina ne ſavoient que penſer de cet événement. « Ah ! vous voyez le plus heureux des » hommes, ſi je puis ranimer cette femme » expirante, leur dit Orozimbo : c'eſt

» ma ſœur ; voilà cet ami dont je vous ai » tant de fois parlé. Le ciel réunit dans » mes bras ce que j'ai de plus cher au » monde. Ah ! s'il eſt poſſible, aidez-» moi à rendre la vie à ma ſœur ».

Lorſqu'Amazili, ranimée, ouvrit les yeux à la lumiere, elle crut, au ſortir d'un pénible ſommeil, être abuſée par un ſonge. Elle regarde autour d'elle ; elle n'oſe en croire ſes yeux. » Quoi ! » dit-elle, eſt-ce vous ? mon frere ! mon » ami ! Parlez, raſſurez-moi. – Oui, tu » revois Télaſco. – Tous mes ſens ſont » troublés ; mon ame eſt égarée ; je ne » ſais encore où je ſuis ! Télaſco ! j'étois » avec toi, & nous allions périr en-» ſemble. Mais mon frere ! – Il eſt dans » tes bras. Notre bonheur eſt un pro-» dige. – Hélas ! je ſuis trop foible pour » l'excès de ma joie. Viens, Télaſco, » retiens mon ame ſur mes levres. Je » ſens qu'elle va s'échapper ». Elle acheve à peine ces mots ; & ſans un déluge de larmes qui ſoulagea ſon cœur, elle alloit expirer. Télaſco recueillit ces larmes. « Rends le calme à tes ſens, » reſpire, ô mon unique bien! lui diſoit- » il; vis, pour aimer, pour rendre heu- » reux un frere, un époux qui t'adorent. » – Mon ami! mon frere! c'eſt vous! » rediſoit-elle mille fois en leur tendant » les mains; je retrouve tout ce que » j'aime! Dites-moi ſur quels bords, » & quel prodige nous raſſemble. » Sommes-nous chez un Peuple ami? » – Vraiment ami, lui dit Alonzo; & » je vous réponds de ſon zele. Voilà ſon » Roi qui nous eſt dévoué; & plus loin, » par-delà ces hautes montagnes, regne » un Monarque plus puiſſant, qui nous » comble de ſes bienfaits ».

La joie & le raviſſement de ces trois Mexicains ne peut ſe concevoir. Ils ne ſe laſſoient point d'entendre mutuellement leurs aventures; & le ſouvenir retracé des dangers qu'ils avoient courus, les faiſoit frémir tour-à-tour.

Cependant le rempart s'éleve; Alonzo

le voit achever. Il inſtruit, il exerce le Cacique & ſon Peuple à la défenſe de leurs murs; & après avoir tout prévu, tout diſpoſé pour leur défenſe, il retourne auprès de l'Inca, ſuivi de ſes trois Mexicains.

Ataliba reçut avec tant de bonté la ſœur & l'ami d'Orozimbo, qu'en ſe voyant dans ſon Palais, ils croyoient être au ſein de leur patrie, dans la Cour des Rois leurs aïeux.

Mais ce Monarque généreux étoit loin de jouir lui-même du repos qu'il leur procuroit. Une profonde mélancolie s'eſt emparée de ſon ame. Puiſſant, aimé, révéré de ſon Peuple, il fait des heureux, & il ne l'eſt point. La fortune, envieuſe de ſes propres dons, a mêlé l'amertume des chagrins domeſtiques aux douceurs apparentes de la proſpérité.

Fin du premier Volume.

TABLE
DES CHAPITRES
DU PREMIER VOLUME.

Fin de la Table du Tome premier.

ERRATA.

PREMIER VOLUME.

PAGE 254, ligne 22, *compagnes*, liſez *campagnes*.
P. 323, l. 15, *Quitto*, liſez *Quito*.
P. 324, l. 7, *Tumibanba*, liſez *Tumibamba*.

SECOND VOLUME.

PAGE 93, ligne 18, *Lieutenant*, liſez *Lieutenants*.
P. 119, l. 8, retranchez le premier &.
Ibid. l. 9, *ſes*, liſez *ces*.

www.ingramcontent.com/pod-product-compliance
Lightning Source LLC
LaVergne TN
LVHW010535100826
845148LV00001B/198